共生社会への道

―知的障害も個性・特性だと理解すれば―

澤 準

ほおずき書籍

まえがき　知的障害者の人生をえぐる

知的障害者と永きにわたって関わっていると、その人間の運命は、自分の意思のとどかないところでつくられてしまうような気がする。知的障害者のことで言えば、自分になんら責任もないのに生涯にわたって、「知能の遅れ」と言う看板を背負って生きなければならない現実を知る。時代と共に世の人々の障害者に寄せる気持ちや、接し方も変わってきたとは言え、本質的なところではどうであろうか。正しい理解を得ようと努力を重ねても、行動力まで高まってこないのが常である。

私はこのような場面に何回となく遭遇する度にこの問題は、こころの中に渦巻いているエゴイズムのしわざだと思ったりもする。さらに言えば、それぞれの人間に宿っている性ではなかろうかと、半分あきらめているのが正直なところである。

そんな心境の中にあっても私は、知的障害者たちの生き抜いている姿を、揺籠から墓場までを取り上げ書き表してきた。どの分野にメスを入れても、課題が山積していることに戸惑いながらも、やらなければならないことを明確にして実践を試みた。教育、福祉、労働、共生社会などの領域にわたって、私論を述べているので参照にして欲しい。

本書は、今まで触れてこなかった彼等の居場所づくりや、安住の暮らしをどこに求めていくのか、さらに、個々が自己実現を達成する環境は、どのように整えていくことが真の幸せに繋がるのかについて再考することの必要性を提起した。これが、私の最後の本となるであろう。書名も「共生社会への道」としてまとめた。

我が国で共生とか共生社会という用語がでてきたのは、八〇年代の後半だと記憶している。それまでは、「交流」あるいは「交わり」「関わり」などと呼び、多方面で使われていたようだ。もともと共生という言葉は、生物学や生態学の分野のものであった。しかし、教育や福祉の社会で注目されだしたのもこの頃であって、一般化されていないように筆者

には思われる。共生の対象を具体的に列記すると

・障害者との共生
・高齢者との共生
・男女の共生
・外国人との共生
・人間と自然との共生

などが考えられるが、ここでは「知的障害者との共生」の在り方について、具体例を通して述べている。なお、この問題を追求することは、彼等の人生観がどのように形成されていくのかが問われるのである。共生社会が果たすべき役割の大切さを知的障害者から学ばなければならない。私が老体に鞭打ちながら取り組んでいることの一つは、彼等と共に生きることに情熱を傾けることである。活動は微力であろうとも、積み重ねる人々が広がれば世界平和の礎になっていくと信じている。共生社会の創造は、「共に在る」ことを願っ

ているからだ。

後段では、書き足らなかったところを補うために「知的障害者が生きてきた源流」を教育の営みの中で語っている。知的障害児教育が果たしてきた重みを理解しながら、私たちが今やらなければならないことは何かを明確にしたい。同時に、先人たちが取り組んだ教育道をこの機会に掘り起こして欲しい。

共生社会への道

―知的障害も個性・特性だと理解すれば―

◆目　次◆

第一章　人は何を求めて生きようとしているのか

とかく人間の住む社会は住みにくい
付与されたつかのまの命を輝かせるために
住みよい社会を創りだす人でありたい

この世を創ったのは誰

冬枯れの田圃道を歩きながら、こんな考えが蘇った。それは、こうだ。

「この世を創り出した張本人は誰であろうか」

途方もない疑問、愚問。答えはすでにでているというのに、頭を過ぎったのも理由があった。

　あえてあげるならば、私も長く知的障害児と、苦楽を共にしながら暮らしてきた一人だから自然にでたのかもしれない。心境は、やはり弱者の目で見てきた自分がいるのかと気付いた次第。

　彼等との関わりについては、『一路』という本にまとめて上梓（二〇一七年）した。その歩みの過程での思いは、この子等が望んでいる住みよい社会とは、どんな社会を言うのであろうか。本人を取り巻く娑婆から、この子等に自然に、いや普通に心を寄せ合える、ほのぼのとした世の中が来るだろうかと考えていた。さらに言えば、特別な施策を講ずることもなく住める社会が構築できるか等、私たちの果たすべき使命と責任の重さを思い知らされた。「自分を戒めて生きるのだ」と。そんな考えのほうが当たっていたのかもしれない。私は、いつもの癖で、思いどおりにならない複雑な人間社会に激怒し、独り言を言いながら、家路にと足を向けた。晴れ晴れとした気分になれなかったことを思い起こす。

ここで、『夏目漱石全集』「草枕」の冒頭に次の文章が目に止まったので紹介したい。

「人の世を作った者は、神でもなければ鬼でもない。やはり向こう三軒両隣りにちらちらする唯の人である。ただの人が作った人の世が住みにくいからとて、越す国はあるまい。あれば、人でなしの国に行くばかりだ。人でなしの国は、人の世よりもなお住みにくかろう。

越すことのならぬ世が住みにくければ、住みにくいところをどれほどか、くつろげて、つかのまの命を、つかのまでも住みよくせねばならぬ——。」（原文）

私はなぜか、たった四行ほどの文章に助けられた思いだ。この文言から滲みでているのは、人類全体を愛することへの警鐘ではないかと考えた。しかも与えられた短い命をどの人も、精一杯輝かせて生きられるような社会を作ることを問うているようにも見える。」とかく人間の社会は、住みにくい」ものだと、悲観的で赤裸々に人の世を見つめている漱石流の心境に触れた思いだ。

突如としてこの文章を載せた理由は、いつの時代においても生きていれば、思うようにならないことが常であることを自覚したいからである。それを、第一義に考えたいからだ。言ってみれば生きると言うことは、「不如意」の存在であるとも言える。自分でありながら自分が思うようにならないとは、なんとふがいないことであろうか。

せめて、人間が生み出した社会だから、人間の手で住みよいコミュニティ創りができないことはない。「福祉社会」とか「福祉教育」という言葉が、専門用語としてではなく、広く市民の間で使われだしてまだ久しい。私が知的障害児と関わっていた昭和二十年代後半頃は、「福祉」という言葉ではなく「慈善事業」「社会事業」が一般的に使われていたように思う。いわば、施しの社会であった。

話が横道にそれてしまったが、私がこれから取り掛かろうとしている課題は、知的障害者にとって住みよい社会。その最終目標は、どんな社会を想像しているのか。その取り組みは、「共生社会の実現」であると結論付けたい。私の長年の願いは、この世から知的障害という言葉がなくなり、彼等が個性的存在として理解される慈愛に満ちた人間観を樹立することである。どのような方法で構築できるのか夢も膨らむ。何事も理想は、高く掲げることが衰退を防ぐ条理だと信じているから。

なお、これからの福祉政策、福祉教育、地域福祉、福祉支援等の諸問題を推進していく上で共生社会の形成を目指すことは、絶対的条件であることを明らかにしたいと思う。さらに落としてはならないのは、知的障害者の高齢化にまつわる諸施策への対応である。重要な柱として国政に働きかけていく課題も精査しなくては、国民の間に広がることもあるまい。

人間のこころとは何か

私はこれまで知的障害児・障害者の教育や福祉について、書いたり語ったりしてきた。テーマに違いがあっても、そのベースには、「人間のこころ」や「福祉のこころ」等について触れなければならない場面を感じながらも、十分な理解もせずに話をまとめてきたことを反省している次第だ。

ここでは、「こころ」とは何か。そのとらえや理解の仕方について、少し横道にそれるが考えてみたい。『広辞苑』によると「こころ」は、知識・感情・意思が総合されたもので物事を考える時のもとになるものだと定義されている。「からだ」に対比するものとか、知・情・意が、それぞれ内面で働きを及ぼすものが、「こころ」だとのことだ。哲学者や心理学者は、どう説明しまとめるであろうか。興味をかき立てられる世界である。

この説明では、難解で胸に落ちない。そこで、こころの働きを私たちは、日常体験している諸々の行為と結び付けて表現しているのだから、具体例をあげて考えてみた。例えば、「こころ」という内面の世界を理解する方法として、以下に列挙した。この説明で少しは、こころの働きを知る手掛かりになるのではと。すなわち「こころ」とは、物事を思考する際のもとになるものだとまとめておきたい。例えば――。

心が洗われる／心が通う／心が軽い／心が挫ける／心が騒ぐ／心が沈む／心が通ずる／心が弾む／心が乱れる／心に入る／心に浮かべる／心に鬼を作る／心に垣根をつくる／心に懸ける／心に笠着て暮らせ／心に適う／心に刻む／心に染みる／心に留める／心に残る／心に任せる／心を合わせる／心を一にする／心を入れ替える／心を入れる／心を動かす／心を打たれる／心を移す／心を奪われる／心を躍らせる／心を鬼にする／心を交わす／心を決める／心を砕く／心を尽くす／心を汲む／心を掴む／心を

留める／心を捉える／心を悩ませる／心を引かれる／心を開く／心を用いる／心を許す／心を寄せる／心焉にらず／心を痛める　（以下省略）

福祉のこころを考える

前節では、こころの働きについて具体例をあげて考えてみた。知識・感情・意思等の働きが、こころであると再三にわたって繰り返した。この節では、「福祉のこころ」とは何か。そのこころを育てる「福祉教育」や「障害者福祉」の理念をどのように築くことができるのか等を考察する。

福祉とは、幸せとか幸福のこと。あるいは、よく生きることだと思う。一人ひとりが付与された命を自分らしく、輝かせて生きるのが福祉の意味であろう。さらに煎じ詰めれば、人生を主体的に積み重ねていくものだとも言える。今後も、この問題に触れる記述が多くなるので弁明しておくが、福祉は物ではなく人だと言うことだ。人間そのものに視点をあてた、施策を考えることが順当であろう。

このような視点から、福祉のこころを培うには、第一に学校教育の中に福祉教育を位置づけることだ。ところが、現実はどうかと言えば、そんな時間があれば、学力向上、進学指導に力を入れることを教師も保護者も望んでいる。福祉について学んでも、学力はアップしないと批判的。やはり、受験競争に勝ち残ることが、今日の学校教育の姿である。

ある学校では、ボランティア活動の時間を学級作りの中核に据えて、地域の清掃活動や老人ホームへの訪問、障害者施設への体験学習等について計画をしたところ、保護者から反対もあり、活動がとぎれてしまったと言う。知育偏重教育のあおりを受けている実態が露呈された一面だ。このような教育を受けて育てられた若者が、やがて大人になった時、どのような人格をもった社会人になっているのか、一抹の不安も残る。それは、私だけであろうか。

近頃の子どもを見るに、いたわりや思いやるこころが薄れているように感じられる。この子どもたちを育てた親は、福祉のこころについてどのように説明をするだろうか。言うまでもないが、福祉教育は、座学ではなく体験から学ぶ実学である。あちらこちらで使われている福祉の教科書からは、感動や喜びの充足を得ることは難しい。しかも、やらされるものではなく、自らが感じて動きだす自主活動であるから。

ここでは、福祉のこころを養う場を次のようにまとめておきたい。

福祉のこころを培う機会や場は、日常生活の中にある。例えば、ハンディキャップ児、高齢者等と接している時、貴方のこころにどのように映るであろうか。一人の人格をもった人間として受け入れているのか。それとも、「弱者」として対象者と向き合っているのか。言わば、思いやりやいたわりが関わりの中から、彷彿として滲みでてくるような温かさが求められる。難しいことであるが、共に生き抜く一人の同行者でありたい。人に尽くすこと。その行為が、福祉のこころではないかと思う。

第二章　「共生社会」とはどんな社会

共生社会とは社会福祉でよく使われる言葉
障害者の人権を尊重し差別や特別視の対象にならない
世の中を築く
市民が相互に支えあう温かな環境づくりが
共生社会の形成である

障害者の人権が守られているだろうか

障害者の人権と対立する思想として「優性思想」「社会防衛思想」が、基底となって優性保護法が一九四八年に成立した。無論、国の政策であるとは言え現今では、世界各国が社会問題として取り上げている。特に知的障害者の人権を考える上で、旧優性保護法下の不妊手術の実態を根底から問い直さなければならない。これまで表面に浮上しなかったのは、国策の推進であったことがその理由である。合わせて、都道府県担当者や関連機関、保護者等の人権感覚の欠如から起きている事例が多い。都道府県の責任は重い。

ここで旧優性保護法とは、どんな内容のものか列記する。

旧優性保護法とは「不良な子孫の出生防止」を掲げて施行された。ナチス・ドイツの「断種法」の考え方で、国民優性法が前身。知的障害、精神疾患、遺伝性疾患を理由に本人の同意のない不妊手術を認めた。いわば、だました上での手術を認める。日弁連の統計によると、一九九六年に「母体保健法」に改定されるまでに不妊手術者は、二万人を超えていたと言う。本人の同意のない強制手術が、強行されていたことが予想される。

ある弁護士の調査資料によると、非遺伝性の障害者が「遺伝性」として、手術を受けさせられたとのこと。中には、最年長で一五歳以下の者。あるいは民生委員の勧めで、「これは盲腸の手術だと伝えられ不妊手術をした」等、重い知的障害を理由に公然と不妊手術が繰り返されていたとのことだ。彼等が、何も抵抗できないまま、体を傷つけられた。そのことを詫びることのない現実に胸が痛む。

私が、知的障害者の人権を考える時の視点の一つとして、旧優性保護法下での実情を示す資料集めをしている時である。奇しくも「信濃毎日新聞」(二月二十二日・三月三日)で連日、この問題が掲載された。ここにきてようやく、国会や自治体も動きだしたか。

たとえ本人の同意があったとしても、実際は形式的で自由な意思によるものではないように思う。強制手術を受けさせられたというのが本音であろう。

不妊手術が行われた最大の理由は、「不良な子孫の出産防止」が目的である。弱い遺伝子を淘汰し、優れた遺伝子を残していくのがねらいである。この考えは、まさしく社会防衛思想の流れであろう。「命を守るのか」「物を豊かにするのか」、国民一人ひとりに投げかけられている課題であろう。

重度の知的障害を背負ってくださっている彼等に、私たちのできることは、これ以上苦しみや人間疎外を与えてはならないと言うことだ。彼等の犠牲の上に成り立った、国の繁栄を歓迎できるであろうか。人間愛に欠けた社会は、羽ばたくこともなく崩れていく。私が懇願する社会とは、知的障害者が「この世の光」となって生きられることを目指しているのだが、それには、障害観の転換が問われるのである。

理想を高く掲げることは、夢ではない。あくなき道を求めよ。自ずから拓かれる。

共生社会の実現

「共生」という言葉のもとは、生物学や生態学、仏教で使われていた。我が国では、八〇年代半ば頃から注目され議論の対象となる。特に障害者福祉の世界では、障害者が同じ権利を持った存在として特別視されない。差別の対象にならないことである。言わば障害者と地域住民が、共に支え合うことを目標にした社会を目指していると記述するほうがわかりやすい。なお、「共生社会の構想」等については、内閣府が組織した政策研究会で取り組んでいるとのこと。資料によると組織は、七人の政策統括官と四つの局及び官房で構成されているようだ。その中の柱の一つに障害者対策・共生社会の在り方について研究調査が進められている。

しかし、現状はどうかというと、大方の国民は「共生社会」という言葉を知る人も少ない。ましてや、共生社会において共生するとはどのようなことか、理解されていないのが本当のところであろう。私は共生について、次のように考えた。「共生」とは、同じような障害を抱えた者同士が支え合う社会ではなく、その他の市民と交流を図りながら共に支え合うことを目的とした集団を指す。障害者同士が、一つになって活動するのとは質が異なる。

言わば共生社会の根底に流れている精神を一言で言えば、障害者の人権を尊重する意識の形成である。すなわち、彼等の言動を特別な目で見ることなく、それぞれが人格を持った存在者であるということに気づいてほしいのである。

ここでは、共生社会の実現の方策について、次のようにまとめておきたい。

㈠　知的障害者、精神障害者が生活している収容施設（囲み込み）を解体し、地域で故郷で暮らせるように生活環境を整える〈施設生活から、在宅生活への移行〉。

㈡　市民への啓発活動を積極的に進める。それには、通所施設や収容施設等でボランティア活動を体験しながら、障害観を見直す機会をつくる。

㈢　彼等の生活を豊かにするために、地域で余暇活動の定着を図る。例えば、スポーツ・料理・カラオケ・ものづくり・旅行・ダンス・絵画・その他のサークル活動を立ち上げ、相互に体験を深める。

㈣　この事業の活性化には、各市町村教育委員会及び福祉生活課の協力を得ることが必要である。

㈤　福祉のまちづくりを目指した共生社会の構築は、行政が活動に対して予算化を図り、ボランティア活動等の養成に取り組む。

共生社会の創造

「共生」という用語は一九八〇年代にノーマライゼーション（障害者などが、地域で普通の生活を営む意味）という用語と合わせて使われていた。しかし、共生の概念は、曖昧で実体がとらえにくいためか、市民への広がりも遅々として進んでいない。そこで私は、障害者にとってどんな社会が住みよいのか。彼等がこの世に生まれてきたことに、不満を抱くことなく安心して生活のできる環境が整っているのか、A男の事例を中心に探りだしてみたい。

A男は、特別支援学校高等部の卒業生である。卒業と同時に市役所職員の清掃係に、正規職員として採用される。五十八歳で退職するまで、給食センターや清掃課に勤務しながら自動車免許を取る等して家庭を築いた。子どもはなかった。現在は、九十に近い母親の面倒をみているが、これから年金生活が始まろうとしている。

知的障害を背負いながら、A男のような生活をしている例はまれである。そのA男が相談に訪れた。定年を二年残して辞めたのには、理由があったようだ。はたから見れば、これほど幸せな人生はなかったと思うのに。これまで、職場の支援や本人の努力によって、続けることができたことは言うまでもないが、何が彼を苦しめ退職に追い込んだのか。私は、退職しなければならない理由がどこにあったのか、相談の中で考えていた。

「おれは、知的障害であることは分かっている」

そうか――

「知的障害養護学校を出たことを後悔したことはない」

それで、何故やめてしまうのか。親にも言わないで――

「辞めたいことを言えば怒られる」

それでは、話してくれるか

「どの職場も俺を親切にしてくれた。声もかけてくれた」

そうか

「陰では、俺のことをばかにしていることが分かる」

「養護学校をでたことが、どうしていけない――」

「職場のことは、妻にも親にも話したことはない」

なぜ

「無言」……

そうか――

相談の時間は長くかかったが、先に明るさが見えてくるような結論は得られなかった。その後、A男からの電話もなかったことも気にかかる。もう、明日から職場に行くこともない。ようやく、自分らしい生活ができそうだ。A男の人生は、退職を機に解放されたのだ。そんな思いが伝わってくる。現在、年老いた母親の世話を何の不満もなくつくしていることだろう。

私は、相談の中でA男から教えられた。それは、無垢なこころを持ったやさしさである。あれほど職場の人間関係に耐えてきたと言うのに、他者を憎む攻撃的な態度など感じられないことだ。むしろ私のほうが、他者を批判し激怒していた。そんな私をどんな思いで見ていたであろうか。赤面の至り。

想像するにA男は長いこと、職場の人間関係でもまれてきたことが、決してマイナスばかりに働いてはいなかった。「知的障害」という言葉を背負って生きてきた人生は、自分との戦いであったことに間違いはない。他者を恨むこともなく、ひたすら我慢をしたことが自分を強くした要因となったのでは。体験から生きる知恵を掴んだ彼の姿は、私を乗り越えているかのごとく頼もしく微笑ましさを感じたのだ。

ここで、障害者にとってどんな社会がよいのか。相談の過程で学んだことを六点にまとめておく。

その一は、障害の有無、程度により排除や別扱いにされない社会
その二は、すべての人が支え、支えられながら様々な形で参加、貢献できる社会
その三は、異質で多様な他者をお互いに理解し、人格を持った人として認め合い、受け入れる社会

その四は、多様なつながりと、様々な接触機会が豊富に見られる社会
その五は、障害者の特性に根ざした理解が深められ、行動を特別視しない社会
その六は、障害者の人権を尊重する意識の形成が図られる社会

第三章　国際連合

二〇〇一年　国連において障害者の権利条約及び権利宣言採択
一九七五年十二月五日を記念して日本では「障害者の日」と制定
──保護される権利から参加する権利へ転換──

すべての人のために一つの社会を目指して

私は、こんな質問をよくされることがある。「知的障害者と生活していて、最大の課題は何ですか」と。

返答に困っていると、〝急につかみどころのないことをお聞きしてすみません〟と、恐縮されることもある。その時、いつも反省するのだが、この子等と生活を共にしていながら、応えられない自分に不甲斐なさを感じる。日々、真摯に取り組んでいない我を思う瞬間でもある。子どもや親たちからは、地域でどんな暮らしをしているのか、現実を直視した支援体制を望む気持ちが伝わってくる。

第三章では、国連で採択された宣言文の一部を紹介しながら考えてみたい。なお、この文言については、すでに何回となく話したり著して話題にしてきたので記憶にあると思うが再掲する。

障害を負っている人が「望まれていない人」となるとき
その社会は音をたてて崩れていく。
「この人たちを閉め出す社会は弱く、もろい社会である」(国連)

この決議文が、国連で採択されたことを知る国民は、どれほどいるだろうか。失礼な言い方だが、皆無に等しいだろう。恥ずかしいことだが、私がこの文を目にしたのは、一〇年ほど前になる。以来、この精神こそ私が求めてきた、障害者福祉の最終目標であり「人間の尊厳性」を打ち立てる中心課題であると意を強くした。

すなわち、私たちの果たす役割は、万人のための一つの地域社会を築くことである。そのためになすべきは、共に育つ・共に学ぶ・共に生きることを体験することだ。その過程で、人間らしく生きる喜びや誇りを共にすることを肌で感じとることが、国連の趣旨を尊重することだと思うが、どうであろうか。

保護される権利から参加する権利へ

日本に於ける知的障害者の福祉の実態は、世界各国のレベルから比較しても劣っていないと考えている。福祉政策の国際的動向を知る資料や情報が少ないので、真意のほどは図りかねるが、私の手元にある資料から考察すると、彼等が求めている生活の基盤は、「自分の生まれた地域で普通の生活」をしたいと言うことである。そのニーズは強い（ノーマライゼーション）。ところがこの政策は、改善されていないのが現実である。世の中の動向は、「障害があるから特別な教育を」「障害が重いから施設入所を」「予算が膨らむから、大型の居住集合施設等に集めて保護する」そのような環境のもとで療育を受けることが、得策だと考えてきた。

この方策は、必ずしも誤りとは言えなかった。障害者も法によって守られ、手厚い支援を受けてきたことは事実である。行政も以前では考えられないほど予算を増額し、生活向上に力を注いだ。しかし、ここに問題がなかった訳ではない。「保護される権利」は保障されたが、主体者である障害者一人ひとりの人格に触れるような配慮があったであろうか。反省すべき時にきている。本人たちの参加のないところで、諸事業が進められていなかったか。「参加する権利」が問題にされなかった最大の理由は、知的障害者であるからということで、当然のごとく片付けられてきた思いがする。

私も、そのうちの一人ではなかったかと反省している。長いことハンディキャップを負う人と関わっていると、その人間が抱えている障害状況を基準に価値判断していることに気付く。ここで問題にしている〝参加する権利〟をどのような方法で具体化するのか。その手立て一つとっても難題である。しかし、参加する権利を高めていくために努力するのが、私たちの役目であり責任でもある。

私は次のような提言をして、まとめておく。

どのような障害の状況であろうとも、効果があればやる、なければやらない。そのような合理性を貫こうとする合理主義は、およそこの世界になじまない。権利意識を高揚するために、例えば「障害学会」を発足させ、新しい障害観をつくりあげる。生活の質を高めることにもつながる。障害者のための学会は、障害者が主体であって、運営を支えるのは、ボランティアである。新鮮にして人間味のある団体になるような思いもする。新しい風を彼等の生活に、吹き込むのがねらいだ。

障害者施設への反対運動の今昔

障害者施設建設への反対運動に関する全国調査（二〇〇〇年・「毎日新聞」調査）のデータから、今日的な課題がどこにあるのかを探ることにする。障害種別により国民に与えるイメージに違いはあっても、根幹に流れている意識に大差はないようだ。全国の反対件数八三件のうち、精神障害者施設設置に反対者が圧倒的に多い。知的障害者施設も上位にあり、近年、急増している。

反対運動の理由をあげれば、次のようである。

㈠　治安上の不安
㈡　住環境の悪化
㈢　町のイメージダウン
㈣　事前に説明がなかった
㈤　場所の変更

国際障害者年（一九八一年）以降も依然として、精神障害者に対する市民意識は変わっていないことが報告されている。その原因の一つは、理解のしにくさがあるために啓発・啓蒙の取り組みが困難と言うことだ。二つ目は、最近まで障害者福祉の課題として登場してこなかったことである。疾患が重ければ強制入院か、保護者の責任においての在宅生活のいずれかであって、地域人として暮らすこともままならなかった。コロニー化の傾向である。私は思うに、対応の遅れの原因として、障害者行政にも責任があるのではないか。

先ほどは、障害者施設建設への反対理由を記述した。もうそれは過去のことであって、今日に至って地域住民との間に、トラブルも起きていないと言えるであろうか。
この事例は、「読売新聞」に掲載されたものである（一〇年ほど前の記事）。この事例を紹介するのは、反対運動の本質を理解する内容が露呈されているからだ。
当市に精神障害者を対象とする総合的な地域生活支援センター建設の声が上がった。しかし、住民からの反対も多く開所ができない状況に追い込まれた。反対運動のノボリが三〇〇本近く立ち並んだと言う。
受け入れの条件に、このように記されている。
㈠　障害者の通いに、保護者を付き添わせる
㈡　利用者と職員を区別し、はっきりさせる
これに対しセンター側は、こうした要求に、地域で暮らすという利用者の願いを拒否し、まさに差別にあたると反発。市（行政）は「人権の平等の観点から、住民の同意は必要ない」との立場を強調。いずれにせよ、障害者施設を設置するにあたって、住民組織の

承諾が必要か否かということが、課題として残ったようだ。

この事例に潜んでいる反対運動は、単なる施設設置への問題ではなく障害者計画推進全体に影響を及ぼしていると思われる。大きな波紋を投げかけた事例である。ちなみに障害者法は、どのように彼等を保障しているであろうか。

身体障害者福祉法第三条二項によると、「国民は、社会連体の理念に基づき、身体障害者がその障害を克服し、社会経済活動に参加しようとする努力に対し、協力するように努めなければならない」とある。また精神保健福祉法第三条によると、「国民は、精神的健康の保持及び増進に努めるとともに、障害者に対する理解を深め、及び精神障害者がその障害を克服して社会復帰をし、自立と社会経済活動への参加をしようとする努力に対し、協力するように努めなければならない」としている。

この法に共通しているのは、障害者が社会参加に取り組んでいることに支援をするのが努力義務である。他の障害者についても、言うまでもないことである。私がかつて関わっていた当時から見れば、福祉の理念は育ってきているであろう。しかし、いまもって福祉関連の施設や教育機関等が、市街地から離れたところに建設されていることも気にかかる。このことが即、迷惑施設、住民の偏見意識だと考えたくはないが。

第四章　知的障害者の生きる障壁

科学の進歩は
知的障害者に何をもたらしたか
生きづらい生活環境の変遷
国民のこころが蝕む人間関係
社会防衛思想政策への転換
地域で普通の生活が困難な時代
弱者を排除する効率主義
分けること・数値への弊害
人間がものにとり囲まれた生活に変わる等

科学の進歩は、人間の生活に豊かさをもたらした。快適で便利な生活環境は、物欲主義に益々、拍車がかかる社会へと邁進した。巷には物が溢れ、お金さえあれば手に入れることができる時代だ。この現実に満足する人はいても、不平や反抗を企てる者はいないであろう。無論、障害を負っている人々にとって、恩恵を受けられる社会になったことは有り難いといわなければならない。

しかし、私にはこの現実に、喜んでばかりではいられない思いがあり、一抹の不安さえ感じるのである。その理由は、こうだ。

確かに物は豊かになり暮らしは合理化された。ところが、人間は神様ではない。長いこと満ち足りた物の世界に浸りきっていると、物の見方や考え方がしだいに自己中心的になってきたのである。やがて、それらの生活から「比較」するこころが生まれ、差別へと繋がるような事例が起きてきたのも事実である。その変化に、気付かないのも人間の弱さと言うべきか。確かに欲求充足は、生活を高めるために必要条件ではあるが絶対条件ではない思いもする。

人々のこころを覗きこむことは、できないので断定はできないが、いたわり合うこころの欠如が気にかかる。いわば、譲り合い、補い合い、扶け合う互助の精神が希薄化したことも忘れてはならない。殺伐としたこころがつくり出した「人間関係の喪失」は、物の豊かさの遺物だと私は考えている。ご批正を願いたい。

後段では知的障害者が、地域で普通の生活（ノーマライゼーション）を営むために、どのような支援が必要か。何を待ち望んでいるのだろうか。その希望を満たさんがために、私たちが果たさなくてはならない役割とは何か等。諸々の高い壁となっている、その要因を語ろうと思う。

なお、前段で主張した結論とは「物質万能の追求は、こころの貧しさを生む」。そのような社会に暮らさなければならない障害者たちは、必然的に振り分けられ生きづらい壁に囲まれている。目には見えない、精神的バリアフリーも重くのしかかっているに違いない。

私たちが取り組まなければならない課題は、こころの障壁をいかに取り除くかである。見落としやすいだけに、こころしたいものである。

障害の軽重についても、置かれている環境に支配される。どんな時代であったか、生まれた国はどこか、産業・経済の分野に、彼等が入り込む場があったのか等によっても、障害観や人間の見方も変わってくる。言い尽くせなかったところは、本書後半で述べたい。

地域で普通の生活を営む

障害を負っているだけなのに、そして自分の責任でもないのに「障害者」と呼ばれるのは、どう考えても納得がいかない。ましてや、自分の生まれた所での生活を願っても「振り分けられる」ことが多く、結局は彼等だけの特定集団が形成されるという訳だ。

私の考える普通の生活とは、生まれた時から、その地域で共に生きられるように準備を施すことである。それが地域福祉と言える。教育も福祉もそして家庭にあっても、選択の主体は彼等にある。そのニーズに応えることが、人権を守ることでもある。知的障害者が最も悲しい思いをする時は、比較され境をつくられてしまうことだと思う。

ここで、伊藤隆二教授（元横浜市立大学）が世界には、こんな国もあるのかと言えるような興味をひく話をされたので紹介をする。

その国はベルギーの北部に位置する、ゲール（Geel）と呼ばれている町である。私が驚いたのは、知的障害児だから特別な環境で教育を受けるとか、精神病だから隔離され治療が始まるのではない。町民は障害に応じて家族ケア、医療ケア、地域ケア等の環境治療が自然に行われている。町民の全員がボランティアであり、里親制度も定着している。したがって里親家庭は、町全域に点在しているとのこと。

そこで活動されている病院ケア、家族ケアの特色が十分に理解できないが、日本流に言えば、比較や区分けする意識が全くないと言うことだ。障害者を分けたり統合してまとめると言うことが、当地の人たちに理解されなかった。振り分ける必要のないゲールの町だからこそ、当然のことであろう。なお、里親家庭ケアの発祥は、ゲールから始まったとのことだ。

たとえば休日になると、ケアセンターやレクリエーションセンターで開かれている陶芸、絵画、音楽、手芸、映画、ダンス等に参加する。野外では、サッカー、野球、ハイキング等。また農耕での仕事、牧場での飼育も、興味をひく活動として取り入れている。特に調理実習への参加者は、常に満杯になる。

ゲールには、障害者を一か所に集めているような施設は見当たらない。たとえ、施設ケアがあったとしても、教会か精神病院で関わるぐらいであろう。ゲールの福祉の町としての伝統は、七五〇年前からとぎれることなく、受け継がれていると言う。
この話をお聞きしながら、どの国に住むかによって、障害者の暮らしや処遇が変わることに気付いた。私の頭のなかは、二者択一方式で固まっている。それゆえ、障害がある人は福祉施設か特別支援学校へと区分けされる。形式的な判定に疑問すらもたないことに気付く私であった。

事例1「差別の温床はどこから生まれるのか」

先ほどは「共に生きる」ゲールの人々の暮らしぶりに、こんな国が世界にあるのかと、こころ打たれた。里親制度が福祉の中核となっているのであろう、それぞれに家族として受け入れられ、共に生活が始まるのがゲールの町である。弱者を排除するような土壌は、考えられないのである。
ここからは、我が国で起きている差別事象の実態を明らかにしながら、差別の温床や偏見の形成過程は、どのようにして生まれてくるのか事例から究明したい。

この事例は、自閉症児（男子）の兄弟を抱えた母親の言葉である。その当時は、特別支援学校高等部の二年生で電車通学もできる生徒であった。問題は、電車の中で起きた。と言っても本人が、周りの者に危害を加えた訳でもない。ただ、車掌さんの車内放送を真似るだけである。次の停車駅は、どこの駅なのか正しく知らせる。しかも声も大きいので、車内は一瞬静かになる。長いこと電車通学をしている間に、車内放送が自然に身に付いたのであろう。担任や親の付き添いも考えてみたが、改善されることもなかった。

結局、周りから苦情がきたわけでもないのに、電車通学は中止されたようだ。理由は、世間体であったのか。それとも、異常な行動として差別や偏見視されることを恐れていたのであろうか。親や関係者は、何をしているのか。しだいに冷たい視線に変わってきたとのこと。私は、母親の話を聞きながら差別の温床となる要因が、この言動から生まれるのであろうかと考えた。障害者に対する偏見が、日常の生活の中で形成されていく場面となったと言える。やはり世の中の多くは、〝障害〟を見て〝人〟を見ることができないのである。温かなこころを寄せる人々が、このような体験から育つことを望むのは至難なことであろうか。願わくば、どの子もその子らしく生きられるような社会になってほしいものだと思う。

ここで、差別や偏見が形成される過程を箇条書きにしてまとめておく。

㈠ 特定の個人及び集団に対する否定的態度
㈡ 欲求不満の蓄積から起こる言動
㈢ 職業・人種など根拠のない否定的態度
㈣ 集団間の競争、区分けから生まれる態度
㈤ 新聞・テレビなどの情報から得る学習

事例2「壁を築く人は誰であろうか」

この課題に取りかかろうとする時、いつものことであるが、究明することもできず途中で終わってしまう。その理由をあげるならば、彼等の生活の壁をつくりだしているその芽は、親自身にあるように思うからである。そのことをこれから語ろうと思う。

その一つは、親が世間体を気にしていないだろうか、と言うことだ。親子が町に出かけて買い物などをしている姿が見られないことや、あるいは車イスを押しながら、我が子に語りかけているところに遭遇することもほとんどない。障害を背負った子どもたちの顔が、町に溢れるような情景が欲しいのだが、我が国ではまだまだ先のことであろうか。

突如、このような話を持ちだすと、きまって返ってくる言葉は、「障害児を育てたことのない者には分からないのでは」と、一喝される。その言葉の奥に鬱積されているものが何か、私にも分かるような気がする。それぞれに家庭の事情もあるであろう。家族の反対まで押し切って体験させることでもないのでは。私たち親の意識は、世の中に住む人々の心根に左右されることが多いのだ。世間の冷たい視線に耐えることをいやというほど経験してきた。私など脂汗のでるような場にこれまで、どれほど立たされてきたことだろうか。その辛さが染みついていることを、人様に笑って話せと言われても……。

私は、ここでパール・バックの著書『母を嘆くなかれ』の文中に出てくる内容を紹介したい。〝この母にしてこの子あり〟か、女史でなければ書けないことを本音で表現されている。それが真意なのか。その文言とは。

「もし私の子供が死んでくれたら、どのくらいよいか分からないと、私は心の中で何べんも叫んだことがありました」

「このような経験のない人たちには、これはおそるべき考えに聞こえるに違いありません。しかし、同じ経験をしている人たちには、おそらくこれは何も衝撃を与えるようなことには、響かないと私は思うのです」

「私は娘に死が訪れるのを喜んで迎えたでありましょうし、今でもやはり、その気持ちに変わりはありません。と言うのは、もしそうなれば私の子供は永遠に安全であるからです」。なお、このくだりは、自著の中で度々、紹介している。

（訳者・松岡久子）

私はこの事例のはじめのところで、親が秘めているこころの内をもう一歩掘り下げようと試みたが、これ以上、問うことは、相手の人格を傷つけることになるだろうと思い、話題を変えることがしばしばある。先ほど、パール・バックが発信している親心の一部を紹介したのも意味がある。それは、女史が行き着いた厳しい親子の世界を本音で、いや赤裸々に語っているのを参考にしながら、自分の生き方と重ね併せて話し合うことができればと考えたからである。世間体を気にして、本児を囲い込んでいる母親。障害の壁になっているのは、周囲の人ではなく自分自身のこころの持ちようだと言うこと。我が子の自由を奪っているのは、この母であること等に開眼される機会となった。

彼等の人格を尊重する母親の姿を、女史の生き方から学んで欲しい。こころのバリアを取り除くのは、親の責務であろう。私の願いは、ここにある。

第五章　〝ＱＯＬ〟生活のいのちについて考える

自己決定権・選択権の尊重
人間存在での絶対的価値の肯定
地域生活をしている生活者としてとらえる
結果主義の排除
個々の独自性を尊重した生き方
人間を分類、分析をしない

人生の質（quality of life：QOL）とは何か

この言葉が使われだし、注目されたのは、一九六〇年頃である。おそらく精神医学界、哲学者、あるいは、障害者福祉の分野に携わっている関係者から唱えられてきたのではないかと想像しているのだが、手元の資料で探したがはっきりしない。ともかく、私がこれから書こうとしている意図は、重度の知的障害者がこの世にいのちを享けられたことの意味を探ろうとしていることである。もう少し焦点を絞るならば、彼等の「生きることの存在価値」や「生き方の質」を問い直すことである。あわせて私が、知的障害者の前にどのような姿で立つことができるのか自戒する機会にもしたい。

A男（自閉症）・四十三歳は、子どもの頃から「サザエさん一家」の絵を描くことが好きで、ポケットの中に自分が描いたものを宝のように入れていた。現在までサザエさんを題材にした絵以外はほとんど描くことはなかった。多くの賞をとる。中でも「サザエさん」カレンダーの作成は、好評で病院、老人ホーム、少年院、学校等からの注文もあり、自ら配付することに喜びを感じていた。

彼の絵の素晴らしさは、家族の生活の様子を即座にとらえて温かみのあるほのぼのとした動きに表現していることだ。参考資料を横において、模倣するのではない。一気に描く直感力は、見事である。サザエさん一家の心配りが、絵の中に彷彿としてくるところにこころ打たれる。ある社員は、出勤時に必ず「サザエさんカレンダー」に声掛けをして出かけると言う。理由のほどは理解しかねるが、何かこころひかれるものがあるのであろうか。なお、カレンダーに使われた絵は、新人賞（平成二十七年度）入選作品である。

ところが、絵を描く時間がなくなる生活が始まると生活が荒れだした。穏やかに作品づくりに取り組む姿は、見られなくなった。働くことだけに時間が取られてしまったことが原因になっていたのであろうか。私は、働くことの大切さを否定しているのではない。働く力を通して、社会自立を図り生活力を高めることは、生きる目標でもあろう。しかし、A男が生きてきた人生の喜びは、サザエさんの絵の中にあった。この時間を保障してやれなかったところに起因しているように思われた。

私たちはとかく、働くことに価値があり、好きな絵を描くことは、仕事のじゃまになる時間。マイナス面にとらえやすい。そうではなく、働くことに集中するために絵の取り組みの時間をより充実することである。それが、A男の生きる価値である。

個々の秘めている独自性を認め合い尊敬することが、生活の質を高めることに繋がるのであって、普通の状態にまで引き上げることが、QOLの高まりだと考えてはならない。なぜならば、一人ひとりを合わせるのではなく、独自的に生きる、そのことが普通だととらえ直して欲しい。

知的障害者の生きる居場所は

私がこの道に関わりだしたのは一九六〇年代であったが、その数年前の統計によると、アメリカ及び北欧諸国ではすでに収容施設の解体が始まっていた。施設入所者は減少し、地域に生活の居場所を模索することが国家の政策としてすでに打ちだされた。その頃、日本の入所施設の状況はどうかと言うと、ようやく建設に着手され全国にコロニーの設立が急速に進められた時代だ。その遅れは、何と六十年ほどになる。北欧の国々が閉鎖の方向に動きだしているのに、我が国では入所隔離施設に彼等を集めた生活をさせようとする試みを始めていた。

コロニーとは、障害児・者・老人が一貫して過ごすことができる大型の施設群のことである。海外（アメリカ・スウェーデン等）の状況を視察してきた親の会や関係者、行政担当者などによって、日本特有の理想の施設になることを願って着手した。問題を含みながらも、「障害児者の村」として広がっていくことに夢が託されたのである。

所々の国々では、すでにコロニーそのものの存在が市民や地域社会及び団体等から反対され、批判の声があがり閉鎖に追い込まれていった。世界の動向は、ノーマライゼーション思想（地域で普通の生活を支援）によって、人権が保障される方向に向かっている。ところが我が国は、依然として変わることなく、知的障害者を一か所に集めて囲い込む施策をとったのである。その動機がはっきりしない。

現在でも収容施設の縮小、解体に反対者が多くいることも事実である。抵抗する理由もあるだろう。我が国の場合、障害者の地域生活の基盤が家族介護に頼っているにもかかわらず、その基盤が整っていないのが実態である。地域移行の落とし穴があったと言えよう。今後、課題の一つは、重度知的障害者の地域移行に対して、どのように対応していくのかという問題に本格的に取り組むべきであろう。共生社会の実現は、収容施設の解体から始まると考えている。

自己決定権・選択権の樹立

人間の世界は、不思議なことが多い。この世に誕生することは、区分けされ、比較はおろか線引きされる社会が待っていると言うことだ。これは当然のことで、なんら不思議なことでもあるまい。それにもかかわらず私の目は、その視点から離れることができない。理由を考えてみたが、なんら問題視するようなことでもないと言われれば、ここで取り上げることもなかろう。しかし、そう簡単に捨て去ることができない理由の一つに〝差別するこころの源がここから芽生えてくるように〟思えてならない。知的障害児と関わってきた私にとっては、その考えが一層強いのである。比較を超える社会を構築する営みは、至難であろう。だが、私たちに課せられた課題であると提言したいのであるが。

さらに理不尽なことは、障害が自分の責任でもないのに、分けられ境界がつくられる生活環境の中で育てられてきたことだ。それが、普通のこととして扱われてきたことである。「小さい・大きい」「速い・遅い」「多い・少ない」等に区分けすることは、人間の社会の常識だとして片づけられるのである。

近年ようやくにして、彼等の生活の質を高める手立てや、人生をより豊かにする方策等に関心が寄せられるようになったことは、障害者理解への第一歩であろう。人を見て、障害に惑わされない関係づくりを望みたいものである。話が横道にそれたが、ここでの中心問題は、最重度の心身障害児であろうとも、「自己決定権及び選択権」を最大限に尊重し保障されるべきである。その体験を積み重ねることの必要性を願うのである。

このことについては、一九七一年の国連会議で「知的障害者の権利に関する宣言」の項で、人間の尊厳や自由なる生活を擁護することが確認された。私たちは、宣言の中身について教育や日常生活の場で、保障されているのか再検討をする必要がある。少なくとも、自らの力で自己決定をする機会が与えられていることが、基本的人権の保障につながるものだと私は思う。

それでは、彼等の生活の質を高める支援の方策について、三つの視点からまとめておく。

一つは、自らの意思で自己決定を図る体験が大切である。障害の状況に関係なく、積み重ねることである。自立していく過程は、このような体験から育つと信じている。

障害が重いからと言って選択権を剥奪したり、判断をするのに時間がかかると言って支援者の誘導で物事が処理される対応では、自立が見えてこない。自己表現は、生きる命であり生存権の確立に繋がるものだと考える。

二つ目は、人格の尊重である。重度の知的障害者を見て「このような人たちにも人格があるのか」と質問されることがある。しかも、有識者の中に多いのも気に掛かる。人格とは何か。一言で言えば、「人がら」と言えばよいのであろうか。ところが、その子の障害に捕らわれていると、人がらとか人間性が見えてこないのも事実である。この子等と生活を共にした者でないと、失礼だが理解に苦しむのであろう。

生活の質を高め、人生を豊かにしていくためにも、自己決定する力を育てたいものである。五感をフルに使った対応から、改善された事例が報告されている。

最後は、彼等の生活の質を高め、人生をより豊かにする基本は、「主体者」としての生活者であることだ。この子らしさを発揮させる手立てを主体的な関わりの中で育てることである。目標は、自己決定のできる自立した生活者となることである。決定の方法も一律ではなく、その子に応じたものでなければならない。

これから語ろうとする事例は、二十年ほど前に起きた話である。この会は日頃、障害児に関わっている保護者や教師、福祉関係者等の集まる研修会である。その会場にいた一人の青年が、講演中に手を上げ、こんな質問をされた。その方は障害者だと後で分かったが、大変ユニークではっとさせられたものだ。彼の言いたかったことは「この世の中で私たちのことを本当に心配してくれるのは誰ですか。私には、親も亡くなりおりません」。子どもの頃から指示や命令によって、動かされたことに慣れてしまった。少しはずれると、理由も聞かずに戻される。その度にパニックを起こして、叱責されたことだ。こころの内を十分に伝えることができれば、トラブルも少なかったろうに——。彼が言いたかったことは、「私にも自由や主体性を与えてほしい」。そのような意味のことを話したかったのではないかと思い返している。それにしても、勇気のある青年だと思ったが、参会者にこの光景がどのように映っただろうか。いや、何を感じられただろうか。

私はこの青年が発した言葉から、重みのあるヒントを頂いたと思っている。以来、今日まで温め続けてきた思いの一つに、日本もようやく彼等を法律で守る社会へと整備されたが、その法を行動にまで庶民の意識が高まっていないことである。社会生活に直結する活動を具体的に展開したいものである。

私は、あの青年の思いに応えるとしたら、次のように言うであろう。

あなたたちが、主体的に、しかも普通に生活ができるように国民の意識を高めたい。そのために「自立生活向上のための全国運動」を企画し、繰り広げたらどうであろうかと思っている。

第六章　自立生活運動の提言

自己決定能力の育成
共に育つ・共に学ぶ・共に生きる人間社会の構築
最重度の心身障害者と共に生きる市民運動
障害者の思いを理解・共感して、さらに感性を磨くボランティア活動

自己決定能力を育てる

世の人々は、知的障害児に対してどれほど関心を寄せているだろうか。推測で言うのは無責任だが、大方は無関心、ならば関わりを持ちたくないと思っているのではなかろう

か。理由は千差万別であって一概に言えないが、マイナス思考でとらえていることに間違いはない。調査結果に表れているデータからでは、真意をはかりかねる。本音の部分が見えてこないといっそう悲観的になり、判断に迷うのである。なお、戸惑うことと言えば、彼等を特別視して普通の感覚で見ようとしない。見ることができない世の中を、障害を負う人々にどのように伝えたらよいだろうか、苦しむ日々。

私はこのような体験の中にあっても、心がけ、働きかけてきたことは、「自己決定能力」を培うことの必要性を問うことだ。「知的障害」というハンディを背負っているからこそ、力をつけてやらなくてはならない。生活の知恵として身につけてやりたいものだ。

自立する要素は、この取り組みの過程から芽生えてくると信じている。さらに言えば、たとえ重い障害を抱えていても、その子なりの自立は有り得ると言うのがここでのテーマである。例えば、日常生活動作が改善することが望めないベッドでの生活者、全面介助者に対して、自立など考えられないと否定されるに違いない。それを承知の上で、言い続けてきたのである。

今日、障害者の自己決定権や選択権を尊重する機運も高まってきたことは、個々に応じた自立も可能だと言うことである。すべての子どもに自立生活は、有り得ると考えたい。知的障害者の自立生活運動をめざすために、しなければならない大切なことは、自立生活支援及び自己決定能力を支えていく社会環境を整えることであろう。彼等が社会を変えることが運動のねらいでなければならないと私は考え続けてきた。別に具体的にふれるが、共生社会は、福祉社会の構築に繋がる。

事例1「ヘレン・ケラー（**Helen Adams Keller・一八八〇〜一九六八**）」

女史はアメリカ生まれ。二歳の時に盲聾唖になったが、努力して大学を卒業。身体障害者の支援に尽くす。著に『私の生涯』などがある。三度の来日もあるなど、日本にとっても馴染みのある女史である。

全国各地で福祉事業についての講話をしたヘレン・ケラーは、家庭教師のアン・サリバンによって養育された。厳しい躾、慈愛に溢れる教育方針によって、三重苦の障害を乗り越えてきた人生を世に知らしめる。

女史の幼少時代は、わがままほうだいで、手が付けられなかったようだ。その女史が盲学校に入学する頃より、開眼される。

女史曰く「神は私に三重の障害を与えてくださった。今の仕事が、できることに喜びを感じている。ならば、障害で苦しんでいる人々の身を引き受けてやりたい。それが、私に付与された運命であると――」。

私がヘレン・ケラーをここに掲載した理由を紹介する。アン・サリバンの日常生活指導や教育の神髄は、徹頭徹尾、自己決定及び自己選択の場と方法を繰り返し与えたことである。体験の積み重ねによって、主体性が育ってきたと言う。無論、自立するエネルギーも芽生えてきたに相違ない。この原理は、知的障害者にも応用できる課題である。

共に生きる人間社会の構築

共に生きる社会とは、「共生」社会を目指す思想である。何人にも居場所があり、互いに労り助け合い、ゆずり合い、補い合う普通の集合体である。何らかの障害を抱えたことで分けられた不自然な集まりの集団とは異なる。言わば、制度より人間を大切にする社会だと定義しておきたい。これから話そうとする「村」は、滋賀県東近江の自然豊かな場所に、この環境を希望する知的障害者を中心とした人たちが県内外から集まりできあがったコミュニティーである。その村の名称を「茗荷村」と言った。

そこで働く高齢の村長さん（元教師）とも呼んでもよい方が、田村一二である。村の生い立ちは、田村の著『茗荷村見聞記』に詳しく紹介されているので一読を願う。私がこの地を訪れたのは、かれこれ四十年前になるであろうか。小高い丘に人々が住み自給自足の生活をしている。農業、商店、陶芸工房、織物、郵便配達、家畜の飼育、パン工場、その他近隣への手伝い等で働いているところを見ることができた。

この村に住んでいる知的障害者は、出入りはあるが七割ぐらいだと村長さんの言。彼等が「主体者」であるということを、この目で確かめることができたのだ。高齢者や赤ん坊の姿も見かける。そして、この村に希望して住み着いた者が、ハンディキャップを負っている人たちと共に村づくりに燃えている。何と微笑ましい世界であろう。

最後に次のようにまとめ、この事例の紹介を終わる。

この村には、希望すれば住める。住むことができる。生活の主体者は、知的障害者である。彼等は、分けられたり競い合うことを最も嫌う。学歴も信条も、そして地位や権力をちらつかす者は、永住できず挫折して村を去っていくとのことだ。実直に暮らしたいと願う人が集まる村、それが茗荷村であろう。

しかし、この村に永住し、村長さんの役をしてきた田村一二の言葉。「茗荷村もやがては、つぶれることを願っている」。なぜならば、この人間社会が普通だと思ってはならないからだ。

知的障害者が住みよい社会を創る市民運動

知的に遅れのある人々が、安心して普通の生活ができる社会を「施設」に求めるには限界がある。なぜならば、施設は仮の宿であって目的ではないからである。この考えは、再三繰り返し語ってきたが、賛否両論あることも承知のうえだ。特に「施設推進主義者」にとっては、衝撃的と言わねばならない。ここにきて国の施策も漸くにして、施設の解体及び縮小の方向に動きだした。しかし、諸団体からの反対もあり遅々として進展しないというのが事実である。

ところで、彼等が求めている住みよい社会とは、整備の整った施設ではなく、住み慣れた家庭、温かい家族や地域、声かけをしてくれる隣のおじさん、それに友達のいる故郷にある。

お金のかかる話ではない。ただ、通常の社会から切り離さないようにしてほしいだけだ。しかし、やがて高齢化すれば、必然的に施設等の利用も必要になってくる。今後、施設が地域に密着した運営に力を入れることや、親なき後の生活の場をどのように整えればよいのか、総合的に進めなければならない時代がくるのであろう。

さて、これから提案する企画は、障害者が住みよい地域を創るために自分たちの手で積極的に行動を起こそうとする試案である。彼等が、望まれていない人にならない、いやそのような世の中から解放される生き方を模索する。

その一つが、ボランティア活動の結成である。地域を単位にした小グループ。メンバーは知的障害者が主体。世話役は地域の青年会議所等の協力を得る。活動の企画や運営・定例会の組織をしたり、活動の内容を決めだしていく。

この構想は、地域に貢献することを通して、正しい理解や啓発を図ることがねらいである。支援を受ける自分から、支援をしていく生活をつくりだすことを第一歩としたい。地域の顔になることが、彼等にとって住みよい社会の条件となるであろう。

第七章　福祉の街づくり

制度は整備されたが人々のこころは
共感的な障害観とは
働く場所を地域社会で支える
余暇活動から居場所づくりを
社会参加を促進する支援活動等

制度は整備されたが人のこころは

久しぶりに障害者問題を語る会に顔をだす

そこには教育関係者・教育行政担当者・福祉関係者・企業からも
それに保護者や数人の障害者と思われる方も参加していた
知的障害者が親子でこのような会にでてくるのは頼もしい
おそらく母親に説得されたか　どちらでもよいが
長いことこの道で仕事をしてきた者にとっては
驚きと同時に社会も教育も少しは変わってきたかと
肌で感じたしだい――

この会の話題は知的障害児教育や障害者福祉サービスが
地域でどのように支えられているのか
更に障害者福祉の制度や体系は手厚く
機能しているのだろうか関心のあるテーマだ

それぞれの立場から体験報告が続く
ある社長さんの言
これまで数人の障害者を採用してきたが
育てるのに時間がかかる　個々に合った仕事がない
昼休みも仲間に入れずに隅の方に居ることが多い等
結局　面倒をみきれないのでやめてもらった
法定雇用率二・二％を下らないことや
障害者雇用促進法のことは頭にあるが
中小企業ではやりくりが難しい
同業社でも悩みの一つだ
それが今度の障害者の水増し雇用の浮上と言うわけか
蓋をあければ官公庁も率先して違反していたことが明るみに

特に知的障害者や精神障害者の雇用は皆無に等しいとか
地域で障害者を支えようと取り組んでも
根本が変わらなければ
その会社だけを責めることもできない思いだ
罰則を与えしばりを強めても根本的な解決にはならない――
私たちに求められているのは
「共に生きる」社会を創る基盤づくりであり
人権を尊重する意識の形成であろう
この人々を締め出す地域はもろく弱いことを彼等は
訴え続けているが動きは遅々としている
なお　社会参加の促進について
取り組む具体的な課題は

雇用・スポーツ・文化活動・情報の保障・地域内にグループホーム等を
用意して置く
どうやら福祉の街づくりは共生社会の実現を目指すことであろう
地域生活を支えるのも働く場を拓くことから始まる

話が教育問題に移る
差別や偏見の事例から不満の声が
いわば特別支援教育に対する挑戦か
市町村教育委員会への不満か
ある母親の勇気ある発言である
「この子を地域の学校に入れたかったが教育委員会の反対で」
特別支援学校に行くように指示があった

多くの人の考えも聞きながら掛け合ったが
聞き入れてもらえなかった
「子どものために」と言う言葉が重くのしかかるが
せめて義務教育の間は地域の学校で過ごせるように
その選択権すら与えてもらえないのか
私の横にいるのがわが子です
どんな思いで聞いていただろうか　本人からの発言はない
その判定はこれで本当によかったのであろうか
この子の姿から意見を頂きたいものだ
「就労」については特別にも
たらいまわしにされたような思いがする
その当時　関わった担当者はすでにいない――

相談する場所をどこに求めたらよいのか
これが現実だ
あの時に決定された道を親は生涯にわたって背負うのである
それに地域で遊んでくれた仲間からの声もかからない今
この子の故郷はどこにあるのか　居場所がないのが悲しい

これらの反省から教育委員会は
先頭に立って対応しているとのことだ
それは地域の学校と特別支援学校が子どものニーズに応じて
学習や行事に参加できるように配慮し努力した
「お客さん」ではなく籍も置かれているとのこと
私が関わった頃とは随分変わったものだ

子どもに合わせ　多様化に応じた処遇に期待したい
発言された母親の顔にも安堵したのか笑みがみられる
それにしても日本の特別支援教育は「分ける」
ことを前提としたシステムで進められてきたが
これより方法がないのであろうか——
ある父親の発言だ
子どもの頃は特別な学級はなかった
勉強のできない子どももいた
いじめもあったが仲間でいたわり合った
泣いている子がいれば涙を拭く子もいた
優しく教え合う友もいた
これが普通の学校生活であり区別や差別は

考えたこともなかった
私はこの父親の話を聞きながら
統合教育の理念を再度実践の場で深めてみたい
垣根のない特別支援教育を世の人々は望む

働く所を地域社会で支える

働く意欲や体力がありながらも
特別な人間と見られている知的障害者に
働く場所を開拓したり心配する人は少ない
いや無関心――
それは俺たちのやる仕事ではない

そんな声が聞こえてきそうだ
ところが全国の実態から教えられることは
地域で働く場を積極的に開拓し
成功している報告もある
彼等を地域住民として受け入れ応援団となって関わっている
障害と言う特性を磨いてくれるのも働く場から醸成される
仕事を通して共に生きる姿に「障害」と言う言葉はここにはない
ふつり合いだ
私の願う共感的な障害者観も共に働く集団から
生まれてくるのだとある青年も語ってくれた
やはり私たちに求められているのは
障害の特性に根ざした理解と同時に一人の人として

受けとめる意識であろう

第八章　街づくりは人づくりから

知的障害を授かったその役割は
偏見に対する意識の形成
茗荷村は共生社会の役割を果たしているのか

知的障害を授かったのも運命

運命は背負わなければならない。しかし、徹頭徹尾取り組めば新たな出会いが始まる。運命とは、変えることができるのだ。

私の近所にかつて、知的障害者だと思える男性が住んでいた。同じ地域で暮らしている住民も特別な接し方はしていなかったが、それも自然で違和感もなかった。

もう一つの事例は、幼少期からすでに施設入所し六十二年間にわたり家族や地域から離れ、施設生活で一生を終えた男性について。彼等の生き方から、生きるとは何かを考えてみたい。

最初の例。この青年は「立派な知的障害者」に育ったものだ。これが第一印象である。突如、このような表現をすれば、戸惑われるばかりか理解に苦しむであろう。本人から、何と言われるだろうか。その答えもほしいものだが、無責任きわまりないと叱責されるに違いない。

さて、私が追い求めてきた知的障害者像とは、立派な知的障害者に育ち、世の人々に光を与える人間になることと考えていた。〝立派〟とは、読み、書き、計算ができるようになったとか、運動会で一等になったことをさしているのではない。無論、それも大切なことであるに違いない。努力したことに賞賛すべきであろう。ところが、この生き方や関わり方を推し進めていくと結局は、普通の人にいかに近づけるか、いかに近づけたかが評価の基準になってしまう。

それでは、ハンディキャップを負っている人々は救われない。なぜならば、生き方や役割まで同列の中で学ぶことは、彼等の特性及びその子らしさをまっとうできずに終わってしまうからである。私は「一定の基準」に到達されることから、解放されることを望んでいるのだ。

ここで、誤解がないように強調しておくが、彼等が特別な人間だと考えているのではない。同じ人である。願わくば、生涯にわたって自分らしさを燃焼することができる環境をつくりだしてやりたい。その心根を市民に求めているのではあるが。

この青年は、幸いにして地域で支えられてきたのであろう。誰でもが知る街の顔になっていた。教育も福祉も近隣で支える応援団もいた。働く場所は、行政にお世話にならなかった。清掃会社に勤めて、もう何年にもなるが、安定した勤務態度だと言う。昔の仲間と飲みに行くことも、旅行に誘ってもらえるのも地域に住んでいたからである。自分の居場所を障害者同士の中に、つくったのではない。地域の諸行事に参加することを通して、彼等らしい個性的な生き方をしたのである。

私は、この育ちの姿から「立派な知的障害者」に育ったと呼びたいのである。

次の事例は、六十二年間にわたって入所施設を転々としながら、人生の幕を下ろした自閉症の女性である。先ほどの青年の歩んだ環境とは、まったく違った一生であったが、最後は畳の上で、家族の見守る中で、両親の声を聴きながら亡くなられた。私は告別式に参列の間、自分に問い続けていた。障害の状況によって、在宅ケアか施設ケアに分かれていくのではなく、その子の置かれた生活環境に左右されることが多いようだ。どの道が、その子らしい生活ができるのか、どの環境が、没個性化せず自分らしい生き方を掘り起こす機会につながるのか等、この女性の人生を辿っていた。

いずれにせよ、知的障害という壁は、これほどまでに予想もできない多様化した生活をつくりだすのか。年齢を重ねるごとに、生活しづらいマイナスの要因を背負わなければならない。せめて私たちにできることは、障害があることから引き起こされる、様々な要因を取り除くことであろう。市民活動の一つとして広げ、意識を高めることが努力義務だと思う。

最後に次のようにまとめておく。

福祉の思想は、細やかな実践の積み重ねから醸成される。体験は、福祉の理念を学ぶ場である。地域福祉を支える人々を育てたい。それには、人づくりから始めることである。

偏見に対する形成過程

今日、障害者福祉の世界は、どのように変わってきているのであろうか。私たちの願いは、障害を持つ人も持たない人も互いに支え合う社会をつくることを強く望んでいるものの、そのために、やらなければならない課題が山積している。日本の障害者福祉や教育を語る時、常に話題になるのが、障害児・障害者に対する偏見にまつわる差別意識である。それも言動に表れてこないが、内面下に蓄積されている差別意識は、すべての人にあるのではなかろうか。そのように言い切ることに、なんら迷うこともない私である。

偏見がなぜ起きるのか、差別意識の本体はどこにあるのか。その要因や形成過程を考えることも、大切なことであろう。

私はこれまで知的障害児教育に携わり、退職後は、福祉の社会で彼等と共に生活を営んでいる。そこで感じてきたことは、特別の眼で見られる理由もなければ、ましてや被害を与えるような生活をしているわけでもない。確かに自閉的傾向の子どもの中には、突如、大衆の前で大声をあげたり特異な行動をする。周りの者は、「あれはおかしいぞ」とか「俺たちとどこか違う人間だ」と非好意的、否定的な態度で見てしまうのだ。あるいは、無関心のどちらかである。偏見は学習されながら、しだいに形成されるのが特徴である。したがって、その場で具体的に正しい理解のしかたについて深めても、非好意的態度は直ちに解消するわけでもない。

この事例は、自閉症児を抱えている母親の話である。

三澤さん――。正直に言えば私にも偏見や差別意識は、こころのどこかにあるのではないかと考えることがある。仮に我が子が知的障害者でなければ、同じような感情を抱くのではないかと思っただけでも複雑怪奇としか言えない。人間のこころとは、結局、自己中心的で自分に都合よく考えるのであろうか。人間という動物は、何とエゴイスティックなのか。見方や立場を変えて見ると、不思議にも気持ちが落ち着くのも正直なところである。

自己反省している母親の気持ちを伝えたが、その後、このことについて触れることもなかった。

偏見の形成過程について、親に知らせた資料の一部を項目にまとめてみると、すでに文中で扱っているので、内容が重複することを承知で読者の方々と理解を深めたい。

偏見の形成過程は、

㈠ 特定の集団及び個人に対して、確かな根拠もないのに否定的、感情的な態度をとること。

㈡ 偏見は、長期の学習の積み重ねから形成される。正しい知識を与えてもすぐには、解消できるものではない。

㈢ 特別にも、精神障害者への偏見例は多い。例えば、マスコミなどによる誤った報道から、犯罪者扱いされるなどの影響を受ける。即ち精神障害者＝犯罪者扱いの如く。

㈣ 障害者の行動を特別視する意識。

㈤ ある個人や集団に対して非共感的な態度をとる。

㈥ 障害者を障害のある一人の人格をもった人間として、理解しない等。

このように偏見や差別意識を解消するには、時間もかかるし、全くなくすことができない問題である。なぜならば人間という動物には、お互いにこころの中に差別意識が隠されているからではなかろうか。表面に現れないように、葛藤しながら浄化しているとでも言えないだろうか。いずれにせよ、地域住民の中から差別事象が起こらないことを何よりも望む一人である。障害者との共生社会の実現は、このような課題を乗り越えたところに成立すると言えよう。彼等と「共に在る」社会は、もうそこまできているのである。

障害観の多様性

一九八〇年代に入ると、「障害者」と呼ばれていた彼等の呼び名は、「障害を持つ人」と変わってきた。この呼称は、法律用語として統一されたわけではないので自由だが、「障害を持つ人」と表現されたほうが温かみがある。個性的に生活を営んでいるような姿が筆者にも伝わってくるから不思議である。言葉の使い方によって、相手を見取る見方や接してくる。状態は変わらずとも、表現の違いから、響きも変わって方まで変わってくることがある。言葉の持つ魔力とも言えようか。

特に知的障害者に対しては、障害者理解のとらえも様々である。世の人々は、知的障害児・障害者からどのようなイメージを持つであろうか。私の想像では、おそらく〝障害〟に目がいくのであろう。障害を見て人を見ない、と言うわけだ。裏を返せば、マイナス思考でその人間を理解する傾向がある。私は、この関わりを非生産的な区分けによる関係づくりだと言いたいのであるがどうだろう。

この考えを知る読者の大方は、私にこう言うであろう。「この見方が普通であって、差別意識でもなければ疎外に通じるものではない」と。私もこれ以上のことを望んでいるわけではないが、ならば「共感的理解」に立つことができれば、対象者へのイメージも広がるに違いない。至難な要望だと思うが、体験することの意味はありそうだ。

話がそれたようだ。私が言いたかったことは、障害に惑わされることなく、人を「観入る」ことに徹することである。そのこころ根が、やがて自分自身を変える出会いとなる。言葉を変えれば、ハンディキャップを負っている人々が求めているのは、ただひたすら〝見ることに専念すること〟だと言っているようだ。

知的障害は、病気ではない。病気とは、異なるものである。障害観の変遷を見ると、一九八〇年に国際政府機関によって認められた。当機関は、大きな影響力を持つものと言われる。支援の方向も医療中心から環境と人間の相互作用が叫ばれるようになる等、歴史的に見ても障害観の発展に繋がった。即ち、障害観の多様化である。

たとえば、平成七年版の『障害者白書』によると、「障害とは＝個性」であると記載されている。思い切った発想であり、障害をプラス思考でとらえようとしている立場がよく理解できる。しかし、受け入れられるのは、まだ先のことであろうか。ちなみに私は、「障害＝特性」として位置づけたがどうであろうか。いずれにせよ、多様化の根底に流れている思想。それは、彼等が特別な人間ではなく、普通の人だということを分かってほしいだけである。

さらに願うならば、ハンディキャップを負っている子どもや大人たちが、地域で普通の生活を営むことを想定した障害観が抱けることを期待したい。そのような意識を高めてくれるのが彼等であると思う。地域住民に、温かいこころが育まれるその言動力は、何と知的障害者の行為にある。共生社会を創造し、住民の意識が変革されることを日々、望んでいるのが障害者であることをこころに持ち続け、温めて頂きたい。

第九章　人はひとの中でひとになる

ノーマライゼーション思想への広がり（一九六〇年）
みんなのための社会は一つに
知的障害者の生活条件をノーマルに整えること
福祉の理念はそれぞれが役割を果たすことから醸成される

知的障害者の生活条件をノーマルにする環境づくり

この章では、知的障害者とノーマライゼーション思想との関わりについて考えたい。すでに話題にしてきたが、障害者福祉政策の中心になる問題だけに重複はしても理解を深めたい。「ノーマライゼーション」という言葉が福祉の世界で使われるようになったのは、一九五九年頃である。北欧、北米諸国では、すでに知的障害者が地域で住みよい生活ができる環境が提供されていた。

これに比して我が国の福祉施策は、違いもあるが、かなり遅れていると使節団からの報告があったようだ。特にスウェーデンの取り組みの中から取り入れたいことは、知的障害者のニーズを最優先にしていることである。なお、何を学ぶべきかはこれから語る。

それでは、ノーマライゼーションの定義から話そう。

「ノーマライゼーションとは、障害者が地域で普通の生活を営むこと」だと規定されている。この言葉の発祥は、北欧だ。しかも知的障害者（児）の支援は「地域における生活」にある。彼等が今、何を望んでいるのかを話し合い、環境整備に活かしているという。知的障害者の主体性を尊重し、基本的人権が守られているのもノーマライゼーションの考え方であろう。

ご承知のように、ノーマルな生活が進められてくると、コロニーのような大規模な収容施設は、解体か閉鎖する方向に転換せざるを得ない。理由は、教育や治療の場として十分な処遇が受けられないことや、人権上からも批判が起きるからだ。我が国の実態で言えば、収容施設は家庭介護の限界を補完する重要な役割を果たしてきたと言えよう。それ故に、収容施設の解体に反対する者も多いのである。特に重度の障害児を抱えている親にとって、閉鎖や縮小は抵抗も大きく、混乱するのも無理なことでもあるまい。

解体の方向は示されたとはいえ、依然として施設が作られている実態をどのように究明すべきか課題も残されている。次のような視点から、関係者が問題を掘り下げてくださることを願っている。

一つは、地域における生活支援を充実させるために、家庭生活を支援するスタッフの配置である。ボランティアの増員も含めて検討。

二つは、それぞれの地域にグループホームを整備する。地域永住型のケア付き住居の目的を持ったホームの充実。

三つは、親なき後、地域の社会資源を広く利用し、安心できる環境を図る。そのために、市町村の行政機関の連携等である。

万民が望む一つの社会をめざして

日本の知的障害児教育や福祉及び重度心身障害児の支援に最初に取り組んだ人といえばこの二人だろう。一人は、糸賀一雄である。それに、実践家の田村一二である。すでに多方面で紹介されている故、詳細については他資料を参考にしていただきたい。

一九五四年に、重度障害児の集団治療を始める。それが「近江学園」である。我が国にとっては最初の試みでもあったが、その後、知的障害施設の設置は全国に広がっていった。今日、コロニーと呼ばれている大型の施設の原形を知ることができる。

私は、先師の歩まれた実践録から根底に流れている思想を考えて見たい。糸賀は、講演のさなかに「この子等は、世の光なり」と連呼しながら幕が降りた。長いこと彼等と寝食を共にしてきた糸賀の祈りであり、同志に託す一念ではなかったか。

師の格言でもある「この子等は、世の光なり」とは、私たちに何を語り伝えようとしたものであろうか。その思いをこう考えた。それは、神がこの子等に託した任務は「君たちが疎外され差別を受けるような社会であれば、平和は訪れない」ことを知らしめることである。私たち、知的障害を負って生きている姿から、扶け合い、譲り合い、労り合い、そして共に苦しみ合うことを日々の生活の中で、構築されることを願っているのである。

糸賀が求めた高遠な思想は、知的障害児と共に生きる社会が形成された時、平和な世界が訪れると考えていたように思う。ある宗教学者は、この子等を「神の子」だと喝破している。万民が望む一つになる社会は、この子等に寄せる慈愛に満ちた人間づくりから道が拓かれるのではなかろうか。私は、糸賀一雄の世界をこのように理解したいのである。だが、読者諸氏にどれほど受け入れられるか。時間もかかりそうである。

次に実践家、田村一二氏の実践について触れる。このことについては、一九七一年に『茗荷村見聞記』で発表されているので全貌を知ることができる。田村氏がこの道にころひかれたのは、小学校の特殊学級担任になられた時だ。「何故こんなところに、こんな風に、こんな子どもばかり集めて教育しなければならないのか、そんな疑問が、ちらちらと、私の心をかすめた」という。この子たちとの出会いが、一生涯のつきあいになったのである。私は奇しくも、茗荷村での体験の機会を得たり、講話を拝聴する中から得た田村氏の福祉観、障害観を次のようにまとめたいと思う。

それは「差あって別なし」という平等の世界を世に広めたこと。それと、茗荷村が特別な村ではなく、普通の村、社会になることを願って「賢愚和楽」と呼び、村づくりの中心にしたのである。いや、人間をつくることを目指したのである。

さらに繰り返すならば、差はあっても決して別な人間ではないということだ。違いを認め合い、序列化を排除し、分けることの愚かさを伝えようとしていたのではないのか。違いを認め合うところに、人間尊重の精神が生まれる。人は、それぞれに違うが故に尊いのである。

能力の低い者だけを一か所に集めて、特別扱いをすることになれば天然自然の理に反すると主張する村田氏である。やがては、この茗荷村も崩壊することを望んでいた心境を、今の私はどのように受けとめればよいのか。皆が願う一つの社会を創りだすことの難しさは、その当時から課題になっていたのである。

第十章　知的障害者の老人福祉

障害を持つ人々の老人福祉の実態
知的障害者の生涯
揺籠から墓場まで

揺籠から墓場までとは

この言葉は、第二次世界大戦後にイギリス労働党の掲げた社会保障制度の充実を目的としたスローガンである。(from the cradle to the grave) 我が国の障害福祉制度の根幹には、おそらくこの精神が生かされていると思われるが、どうであろうか。特に知的障害者及び精神障害者に対しては、住み慣れたところで安心して生き生きとした生活が保障されているのか知りたいところである。

障害者も障害の程度に応じて障害者年金を受けられたり、六十五歳になると、介護保険法における第一号保険者に該当。介護保険サービスの利用が、優先される。なお、介護保険制度にないサービスや個々の心身の状況等に応じて、引き続き障害福祉制度におけるサービスが受けられるとのことだ。

その他、福祉施設・居住施設系サービスは、どのように設定されているか。その実態は、障害者だけを対象にしているのではないが、介護老人福祉施設、介護老人保険施設、介護医療型医療施設、グループホーム、有料老人ホーム、経費老人ホームケアハウス、養護老人ホーム等がある。

これまで紹介してきた制度は、市町村によって異なる。しかし、基本になる考え方は、国からの通達によって諸事業が推進されているので大差はない。問題は、地域によって取り組みに違いがあることだ。私たちは、障害者の思いを行政に働きかけ、共に住み慣れたところで生活ができることを構築しなければならない。それが、責任と義務である。努力は、そのベースにある。

次にすべての知的障害者に関わる問題ではないが、成年後見制度についてふれておく。この制度は、判断能力の不十分な方々を、法律面や生活面及び財政面で保護したり支援することを目的としている。支援者は、裁判所で決める。

制度のしくみは、判断能力によって三つの類型がある。

一は、判断がほとんどない方が対象（後見）

二は、判断能力が著しく不十分な方が対象（保佐）

三は、判断能力が不十分な方が対象（補助）

このように、法的な支援者をつけ、知的障害者が安心して暮らしていける制度を活用してほしい。相談件数から見ると、財産面で苦慮していることが多いとのことだ。

なお、厚生労働省の障害者統計によると、知的障害では在宅児・在宅者のうち五十歳以上は三・三万人で一一％を占め、そのうち六十五歳以上も約八〇〇〇人。以前に比べて成人期・高齢期の知的障害者が増加しつつある。

知的障害者は、障害を抱えてから乳幼児・児童・少年・成年・老年と一生涯にわたって、背負って生きていかなければならない。解放されることもあるまい。しかし、時代と共に法も整備され、生きる環境も改善されてきた。確かに法律で保障されていることは事実だが、最も大切なこころが変わっていないのである。こころが育っていないのである。おそらく、この問題は悲しいかな私にとって永遠に残る課題であろう。

第十一章　共生社会に橋を架けるのは知的障害者

彼等はどんな社会を創ろうとしているのか

障害者福祉の世界に羽ばたく地域住民

教育・労働・高齢者福祉の実現

障害者の生活の質を高めるのが

共生社会の方向

異質・差異を認め「共に在る」暮らしを求めて

障害者福祉の世界

今日ほど、障害を持つ人も持たない人も、互いに支え合う社会が求められている時代はなかろう。私は知的障害者と出会って以来、障害とは何か、障害を持つとは、どのようなことなのか考え続けてきた。その一端を『一路』(二〇一七年)と言う本にまとめ刊行した。現在の心境を話せば、教育、福祉、療育、労働等にわたって首を突っ込んだが、問題を深く掘り下げるほどの力量もなく、ただ障害者福祉の世界にこころを寄せながら旅をしてきたと表現したほうが当たっているのかもしれない。

しかし、その中にあって第十一章を「共生社会に橋を架けるのは知的障害者」とし、さらに書名を「共生社会への道」としてまとめることにした。この方向は、彼等と共に歩き学び教えられた課題だ。言わば実践から導きだされた本章は、私にとって最後に残されたページになるであろう。これから話そうとする事例は、地域福祉・在宅福祉の中で生き抜いてきたA男の一生である。それに比してK夫の生活史は、幼児期から家庭を離れ療育施設・知的障害者施設等の体験の中で老後を迎え、家庭の味と言うものを知らずに幕をおろした実例である。この二事例から、障害とは何か、障害の持つ意味を再考しながら、一人ひとりが居場所づくりに懸命に生きている姿に、私たちが共生社会という環境をどのように支援することができるのか、その取り組みへの責任も見えてくるであろう。

A男は、就学指導委員会の反対を押し切って小学校の特殊学級に入級した。中度の知的障害にあわせて、肢体不自由を伴うために知的障害児養護学校が適当であると判定されたが、しかし、両親の反対の意思は強固で結局、地域の学校に入学することになった。このように判定と異なるケースは起こりうることで、委員会にとっても難題の一つになっている。

父親の考え方は、こうだ。

保育園までは、隣のT子ちゃんたちと手を繋いで毎日、喜んで通園できた。四月からは、同じ学校に行くことを楽しみにしている。この子の心境を、よく分かっているのは家族だ。低学年の間だけでも地域の学校へ通えることを認めてほしい。親や本児の願いをぜひ叶えて頂きたい。この子のために、何回か会がもたれたが平行線のまま時間が過ぎる。一つ分からないのは、就学指導委員会の仕事は、人間を分けることをするところかということ。親たちの味方になり、「我が子のことだと思って」話し合ってほしいものだ——。何か新しいものが、見つけられるような気もするが。

母親のとった態度は。

地域の方々の意見を聞いたり、署名を募ることに走り回っていたようだ。これほどまでにして〝分ける〟ことを反対しているのに、教育委員会が当初の判定結果を通そうとするのか分からない。差別や偏見に繋がるような温床を自らがつくっているように思えてならない。通級することができるようになれば、親はどんなことでも協力し、努力する意思は堅い。この子が生涯にわたって、地域で生き抜く環境を子どもと共に作りだしている気運も高まっている報告もあった。

就学指導委員会も、後で分かったことだが、条件付きで地域の学校の特殊学級に入級の許可をだしたとのことだ。判定会議は、どこまで我が子を見守ってくれるのか不安であるが最後は、親が障害を背負いながら共に生きる運命を、課せられていることは確かだ。

その後、A男の生活はどのように変わっていったのか。

三年生の頃までは、母親が付き添い、友達の声掛けをもらいながら、一キロほどの距離を通い続けた。学校の近くに転居したことも、親ごころが伝わってくる。松葉杖を使っていたが、転ぶこともあったようだ。学校でも廊下で座り込むことや、友達の手を借りている場面もある等、労り合う微笑ましい姿が学校の中に芽生えてきた。母親は窓ごしから隠れるようにして見守っていたとのこと。

高学年になると、一人通学ができるような体力もついた。中学校の特殊学級から私立高校に進学。学力は身につかなかったが、社会性が育ちクラスの人気者となる等、学校生活を楽しむ。当時の判定結果では、想像もできない。やがて、福祉関係の仕事を志し専修学校に進んだという。

このケースは、特例のようにも思われるが、心がけたいことは、判定結果から個々がどのような人生を作りだすのか、その責任の重さだ。人間の評価は実験的に比較することができないことだけに、いかに曖昧な部分や残された課題の中に捨て切れないものがあることを再確認した。それと同時に、就学に関する判定結果がどうであったか追跡調査をすることも、ケースによっては必要なことであることを気づかされた。

A男は、子どもの頃より地域住民として、隣組の人として、よく居酒屋に誘われる友として、あるいは地域の行事に参加する人として生活基盤もできている。家庭やグループホームから隣接の会社で働くことに、なんら違和感もない。自然であって嫌悪の意識を増幅するような状況も感じられない。

地域の中に、しかも交通の便の良い場所へグループホームを建設、及び福祉工場もできる等、地域住民の協力も大きな力となる。しかし課題は山積しているが、A男と地域住民が相互に支え合うことを目標にしている社会が、一歩前進しているように見える。この方向こそが、私の願う共生社会の実現であり、しかも種を撒くのは知的障害者である。彼等が〝橋を架ける〟役目を果たしている事例である。

次の事例は、K夫の歩んだ生活史から、障害を背負うことの苦悩や運命について考えてみたい。前段で少し触れてきたので思い出してほしいが自閉症の彼は、五十六歳にして施設で亡くなる。その間、乳児施設、収容授産施設、知的障害者更生施設等を転々として生活をしてきた。それも自分の意思でもなければ、納得したわけでもない。それぞれ家庭の事情もあるから一概に言えないが、とにかく重い障害を抱えたり、親の養育放棄、あるいは世間体から、本人の了解もなく家庭や地域に住めないケースが目につく。人権に触れるほどの問題でもないだろうと片付けられるが、その思いは複雑である。

障害を負うということは結局、K夫のごとく家庭に居場所がなくなることを意味していると言っても過言でもあるまい。

人間、何のために生まれてきたのか。そのために、どう生きるべきか。例え我が子が、知的障害というハンディキャップを負っていたとしても、人は幸せになるために生まれてきたのだ。私は施設生活を否定しているのではない。彼等なりに家庭や地域の方々と共に貢献できる役割があるのでは――。生きてきた証しをつくるチャンスが与えられるのではなかろうか。さらに言えば、主体的に生きる生活が、地域生活の中から広がったという事例もある。

私の思いは、K夫にも故郷があり、近所に友がおり、家庭に居場所がある等、家族の愛情を受けながら生涯を遂げる体験も味わわせたかった。同じ障害を負いながらも、A男のような生き方もある。

このことを知った読者は言うであろう。「障害が重いから施設へ。軽いから家庭へ」と。そうではなく、どう生きることが幸せに繋がるのか。それを考えるのが大切であると、この事例は私たちに教えている。K夫にも共生社会に橋を架ける役割はある。そのために、生まれてきたと言えよう。「運命」は変えられる。そのためには、地域住民の温かい支援が必要である。

異質・差異を認め共に在る暮らしをめざして

故糸賀一雄学園長（近江学園の創始者）の語った言葉「この子等は、世の光」。そう喝破した時代、重症の心身障害児を目の前にして、世に広めたこの格言は、親や関係者に希望と勇気を与えたという。その後、国連においても知的障害者を締め出す社会は、貧しい社会だとして取り上げられる等、「共感的な障害者観」が叫ばれるようになった。言わば一人の人間として、人格を持つ存在者として理解され、関わり方に変化が見られるようになる。

それ以来、彼等の基本的人権も保障され、教育や福祉及び労働の分野に於いても、手厚い施策が投じられてきたことは、先人たちの熱い思いの結晶であろう。世界的に見ても我が国のように、知的障害児に予算を盛り込んでいる国は少ない。とは言え、当事者の声は、障害者年金が少ないから何とかならないか、働く場所やグループホームの不足を訴えることなど実に多い。どの親にとっても最も切実な悩みは、「親なき後をだれが守ってくれるのか。我が子より先に死ぬことができない不安」ということだ。パール・バック女史も著書（『母よ嘆くなかれ』）の中で同じように語っている。その親でなければ分からない境地に立たされるほど苦しいことはない。考えて見るに私も、相談の過程でどれほどの経験をしてきたことか。この問題は、時が過ぎても国が違っても変わることなく、母親たちの共通の悩みとして頭から離れることもなく沈着していると言っても過言ではあるまい。

さて、話が横道にそれたが、ここで話題にしたいと思ったことは、知的障害者たちが願う住みよい社会を創るために、どのような取り組みをしてきたであろうかということだ。パール・バック女史が、我が子を育てていた頃の世間の気風はどうであったか。また糸賀一雄園長が施設を創設した当時、住民の意識は特別な目で彼等の行動を見ていなかっただろうか、等をさぐるために、障壁になっていると思う背景を羅列した次第だ。

ここで、知的障害者が求めている社会を項目でまとめれば。

共に生きる地域社会
制度や予算ではなく温かい人間関係
共生社会の構築
障害者の行動を特別視しない共感的な障害者観

このような社会環境の中で、生涯が終えることを望んでいる。しかも共生社会の構築は、これらの項目のすべてを包み込んでいる。共生社会に橋を架ける仕事を、彼等と共に創りだして欲しい。それが私の願いである。

第十二章　共に生きる

分化・分類による教育体制の功罪
最重度の障害児たちからこの教育の原点を学ぶ
ガンジーの人間愛にこころを寄せる

障害という言葉は私にとってどんな意味があるのか

本章で完結したいと思い原稿の前に座るが、書こうとすることがあれやこれやと浮かびまとまらない。結局、私を育ててくれたこの子たちにお返しする言葉はないのか。それをテーマにすれば、自得できるであろう。「障害」とは「特性」であり「個性」だという結論。

この考え方こそ、彼等と生活を共にしてきた中から学び得た障害観と言ってもよい。私は躊躇することなく「障害＝個性」だと定義したいのである。この教育を支えた、命だと言い続けたい。

これらの主張については、すでに著書で再三にわたって扱っているので、繰り返しになるが、理解されるまでに時間もかかりそうである。なぜ、そのように言えるのか、説明もしなければ納得されないだろう。一言で言えば、彼等は智恵遅れではあるが、疾患（病気）ではない。即ち、病気ではないから、智恵遅れを治す医学療法などは考えられない。かつて医学書の広告欄には、薬物療法によって脳は快復できるとか、改善が図られるなど、期待をもたせるような内容が目についた。

さて、私にとって障害という言葉は、個性だととらえているから当然、個性を引き出す個性化教育に徹しなければならない。個性尊重の精神を踏まえた実践が、求められることは言うまでもない。即ち、障害から個性への転換と言いたいのである。このような取り組みが、支援者に芽生えてくれば子どものこころは、さらに解放されるに違いない。

なお、糸賀一雄園長が「この子等は、世の光」と語ったことと、私の願っている考えと結びつくように思うのだが、どうであろう。

最重度の知的障害児から教育の原点を学ぶ

重度の心身障害児施設を見学した時だ。車イスに座り、静に音楽を聴いているY子が目に止まる。先ほどから、天井の一点を見つめているのであろうか。表情も変わった様子は見られない。Y子の個別学習の時間がきたようだ。教材も工夫されたものが用意され、ベテランの支援者とのやりとりが始まる。私は、先刻から足は止まったままだ。

驚いたことに支援者とY子のやりとりは、数か月も過ぎたというのに効果を期待するような雰囲気ではない。何かを求めようとしているのではなく、淡々として繰り返しているのである。スキンシップをしたり微笑みかけても、なお反応がないのに、さらに微笑み続けている姿に感服した。この時間、支援者とこの子との間に何が生まれただろうか。それは、二人が「出会った」そして「いつもの活動」が始まる。そのことに意味があるのだ。

とかく私たちは、効果があればやる。見込みがなければやらない。そんな傾向がありはしないだろうか。この教育にとって、合理主義は避けなければならない行為である。彼等にとってこの世は、生きる上で最も困難な状況にありながらも、懸命に生に向かっている姿に私は触発された。いつしかY子にひざまずく、自分も不思議なことであった。

いのち輝きて

人間の能力とは、生きようとする願いである。

これから話そうとする事例は、知的障害を伴う筋ジストロフィー症の少年（二十四歳）

のことである。この症状は、筋肉の萎縮と脱力が徐々に進行し、歩行や運動が困難になる疾病である。しかも進行性筋ジストロフィー症でもあった。

小学生の頃は、グラウンドを走り回っていたというのに病の進行が早いのには驚くばかりである。私が出会った時、すでにベッドの生活が中心で移動も車イス。肩に触れると、板か鉄板に触れているようで、温かさが伝わってこないのに戸惑う。どんな言葉がけをしたのか思い出せないが、おそらくこの少年の笑顔に負けまいと、満面に笑みをたたえて応えたことだけは記憶している。

さて、この少年の担当である寮母さんの引継ぎ日誌に、次のようなことが書かれていたので紹介すると。

私たちの日課の一つは、午後三時になるとおむつを持って職員室をでなければならない。時間は、厳守されていた。少年の部屋までは、早足で三分はかかる。おむつの取換えは、五分とかからない。この時間が定着するまでに、どれほど費やしたかはっきりしないが、大切な日課になっているようだ。ところがこの日の担当は、お客と話している間にいつもより、五分遅れで部屋を出た。おそらく走りながら、少年のいるところに向かったであろう。どうしているだろうと想像しながら部屋に飛び込んだ。

これは、どうしたことだろう。

驚きと同時に自分の目を疑った。布団が弓なりになり腰を持ち上げているようだ。自力で身体を動かすことなど、想像もしていなかっただけに、詫びと励ましを繰り返した。額は、脂汗で光っている。寮母さんの足音を聞きながら、待ち続ける少年の思いに私のこころが変わった。

それからというもの、持つ「おむつが温かく」感じられるようになった。義務で届けるのではない、一瞬の出会いを大切にしなければならないことを、この少年から学んだような気がする。

この引継ぎ日誌から教えられたことは、「感謝」と「気配り」が生きる根底に流れていなければならないことだ。人間が、生きていく原理としなければならない。彼はすでに言葉を失っていたが、残された力を全身全霊を尽くして行動に表していたことだ。何と美しい姿であろうか。

この「いのち輝きて」に乾杯。

ガンジーの人間愛に学ぶ

共に生きる社会の実現及び共生社会の創造は、私たちが願う福祉社会である。少なくとも人々が、この世に生を付与されたことに至福を体験したいものである。私の人生は、知的障害者と共に暮らしてきた。大きな仕事をやりとげたとか、研究論文を発表したこともない。ただひたすら、彼等の生きる意味を追い求めてきただけである。

そこから得られたものは、共に生きる福祉社会の実現であった。この取り組みは、やがて世界平和への構築に繋がっていくようにも思われる。彼等の幸せを追求することが、平等な社会を築く礎になると信じている。これらのことに、思いが高まる。

かつて、私がガンジーのことについて触れた本『人間は足を踏み外した動物か』を手にした地方新聞社の編集顧問をしている中野幹久さんという方から電話があった。無論、面識があるわけでもない。話はこうだ。

その当時、洞爺湖サミットが開催されていた。会議に提言された地球規模の課題は、国際協調にかかっているとまとめられたようだ。その理念は、人類が共に生きる世の中を創ることと重なると記事にされた中野さん。私は、人類が共に生きることをサミットでも取り上げられたことに希望を与えられた思いである。

ここで、ガンジーが残した話を再現する。中野さんから触発されたことと、合わせて考えてみたい。

ガンジーが、会議の時であった。そこには、そうそうたる有識者たちが集まっていた。そこへ、窓から一匹の蜂が入ってきた。驚いた彼等は、蜂を殺そうとスリッパで叩き落とそうとしたそうだ。ガンジーはそれを制し、そばにあった一本の竹ぼうきを差し出した。蜂がとまるのを見届けたのを見た彼は、静かに窓の外に放してやり、蜂が去っていくのを見ながら語った言葉がこころ打たれる。

「叩けば必ず手向かってきますよ。相手を恐れ、自分を守ろうと抵抗するから対立と闘争が起こる。戦って蜂に刺される。薬が要る。武器も要る。発明、発見が奨励される。製薬製造で工場が興り、次いで商業が繁栄する。人力が結集され、資源が消耗され、生活は豊かになるが、社会に貧富の階級が生まれ、財閥が生まれ、利害対立・抗争が起こり、犯罪が増え、立法刑罰が強化され、それらが人種差別や国際問題に発展して、やがて戦争につ

ながるのです」（この話は『伊藤隆二教育著作集』より抜粋）

一匹の蜂と仲良くすることだけで平和が訪れるのに、なぜ自分だけを守ろうとするのか。文明の進歩、文化の発展が欲望の限りない追究にあるとは悲しいことである。蜂を戸外に放してやった溢れる情愛に学びたいものである。

私たちに求められている課題「共に生きる世の中を創ること」にガンジーの生き方から目覚めたいものである。その営みが、共生社会の創造に繋がるのである。

補稿　知的障害児（精神薄弱児）が生きた今昔に学ぶ

1　知的障害児が生き抜いてきた源流を探る

このことをテーマにして、まとめようと思いながらも機会を逃してしまった。理由は、これらに関する資料の収集が困難であることや、どこに記録が保存されているのか見当さえつかめないこと等。それに、世界の中の日本は、まだ福祉も教育も定かでなかった江戸時代、さらにさかのぼって行けば発祥が、どんな実態であったか究めることができるかと試行錯誤していたからである。正直に言えば、重荷であったわけだ。

そんな思いもあって、消極的になっていたがここからは、少ない資料や私の体験してきたことも含めて列記したいと思う。さらに、私の気持ちを高揚させたのは、この道を拓き活躍された先人の教育学者・哲学者・実践者等が亡くなられていく時世を思う時、何らかの形で後世に伝え残すことが必要だと感じたからである。「故きを温ね新しきを知る」ことであろうか。読者の皆さんから、ご意見を頂き深めたい気持ちである。

ギリシア時代の哲人プラトンやアリストテレスもこの時代、貴族主義に支配されていたために、相談に行くと「能力の低い者、肢体不自由児は生かすか殺すかの判定を下したとのことだ」。判定の基準は、役に立てば生かす。役に立たぬ者は放っておくか片付けてしまうかのどちらかであったようだ。少なくとも、プラトン・アリストテレスも関わっていた。

生まれて三日以内に教育委員会のようなところに、父親が子どもを連れて行く。よろしければ、家に連れて帰る。役に立つ見込みがなければ、その足で谷に捨てなくてはならない。これが当時の人々の考えであったようだ。これは、史実に明らかとのこと。

ローマ時代に入ると、法律もできてくるが、裕福な者、権力者には都合よくできていた。相変わらず、貧乏人には、発言権もなくひどい仕打ちがされていたとのことだ。やがて、キリスト教が入ってくるようになると、知恵が遅れていても人間らしい扱いを受けるようになる。キリスト教は博愛的であり、憐憫の情を持っていたから、どんな人間にも温かい手をさしのべた。

しかし、キリスト教であっても遅れている者は、法律が守れないとか、聖書も読めない等で迫害された。知恵遅れは、悪魔に取りつかれた者として火焙りにされたり、笞打ちにされたようである。それは、虐待ではなく悪魔を追い出すためだったようだ。

いずれにせよ、キリスト教的な考えで、この子どもたちの一部は恩恵を受けられたが、一方ではむごい仕打ちを受ける状況が長く続いた。

次に日本では、どのようなことが起きていたのであろうか。『古事記』にイザナギノミコトが子どもをつくった時に、最初の子どもはヒルコであったから川に流してしまったと記されている。今で言う肢体不自由児だったのであろう。なんら対策もなかった時代ゆえ、発育の悪いものは、一般に捨てられていたのであろうか。日本でも、豪族となると大事に育てられる風習があったのではないかと思われる。

やがて仏教が入ってくると、知恵遅れの子が生まれるのは、前世の因縁、因果応報という考え方で解決するようになる。

江戸時代の資料によると、足袋の商標になっている福助は、脳水腫だったが商家に生まれると、家内で何とか育てようとされた。それが、商売繁盛。災い転じて福となすで、福の神、商売の神とされたというような話になったようだ。

やがて、日本にも儒教その他の考えが入ってくるようになると、いろいろな解釈がされたが、知恵遅れの子に対するはっきりした考え方はなかったように思われる。

2　知的障害児教育の発祥は明治時代

日本の知的障害児教育（精神薄弱児教育）は、明治二十三年、松本尋常小学校に特別な学級（晩熟生学級）を設置することから始まる。当初は鈍児学級とか低能児、劣等生学級等と呼ばれていた。学級数は、男女一学級ずつであった。

明治二十七年になると、能力別による学級編成に対する批判も起きたことから、成績順による編成に切り替わっていった。つまり学力別により分けてみたが、うまくいかなかったわけだ。そののち、各学級の劣等児は教室の中で前のほうに座席を置いたり、教師の手が届くように工夫した。放課後に、授業をしたこともあったようだ。

松本尋常小学校（現松本市立開智小学校）は、日本の代表校である。この設置の様子については、開智小学校の沿革概要（昭和十八年）に記載されている。学校日誌によると訓導は会議を開き、どうにかして落第生を少なくしようと努力してきたが、検討の結果、この学級を解体することになる。学級閉鎖は、明治二十七年であった。

ともあれ当時、能力に即して学力を開発しようとした視点と実践は、結果的に言えば貴重な取り組みだと言えよう。なお、明治二十九年四月に開設した長野小学校の特殊学級の実践は、松本の方式と具体的に繋がりがあったのかは不明である。

しかし、松本で取り組んでいた晩熟生学級が、影響していたのであろう。明治二十九年四月に、長野県長野尋常小学校に「晩熟生学級」が置かれた。その後、城山・後町・鍋屋田の三校に分かれたが、それぞれの所に学級が分置され、大正八年頃まで経営が行われた。

次に日本の知的障害の養護学校は、どのように進んでいただろうか。全国的な傾向であるが、地域の学校に特殊学級がなかったり、設置されていても能力の低い子は、入級できなかったために、在宅になるか福祉施設で生活するのが当たり前であった。今では考えられない就学猶予か免除となる。

養護学校の設置は、これら中・軽度の子どもを対象にした。したがって、地域は、広範囲から集まる。県外から希望者があったと記録されている。昭和三十三年に、全国で最初に開校されたのが、札幌養護学校。続いて、筑波大学付属大塚養護学校（当時は東京教育大学大塚養護学校）である。公立では、長野県長野養護学校が全国に先駆けて開校している。長野の特色は、全寮制で小学部から寄宿舎生活が義務付けられていたことだ。

その後、知的障害教育は、養護学校の建設が進む中で地域に特殊学級もしだいに開級されるなど、発展を見せた。文部省統計によると、昭和三十年後半から学級が全国的に急増していることが分かる。

3　戦後の知的障害教育の流れ

戦後、日本における知的障害教育は、大きく三つに分けられる。

一　社会福祉的方向

二　学校教育的方向
三　労働対策的方向
である。

社会福祉の立場は、最も古く篤志家や慈善家によって施されていた。今日の諸施設の前身に当たる。すでに、明治二十四年に石井亮一（キリスト教徒）が「滝乃川学園」を開設した。きっかけは濃尾地方の大地震。そこにいた多くの孤児を集めて読み書き計算を教えたところ、覚えの悪い子がいた。その後、遅れのある子どもたちを集め、アメリカで学んできたセガン流の感覚訓練を取り入れる。「白痴教育」の実践は、『石井亮一全集』に収められている。

滝乃川学園に続いてできたのが、大正八年、千葉に開設された「八幡学園」である。これらの施設は、いずれも民間であった。戦後、児童福祉法ができるまでは、公立のものはなかったというわけだ。日本の社会福祉施設の始まりは、予算のない厳しい状況の中にあっても、篤志家らの熱意によって繋がってきたと言える。

記録によると、「戦時中、経営が苦しく自分の子どもさえ養えない状態でありながら、閉鎖することだけは避けたいと働いた」。筋金入りの職員の集まりであったと記されている。当時も施設は、数少ない上に希望者をどうするのか、大人になった者をどう扱うのか。解決しなければならないことが山積していた。


続いて学校教育の立場から、問題を掘り起こしてみる。

日本の知的障害教育は、明治二十三年、松本尋常小学校に設けられた特殊学級から始まる。呼称は「晩熟学級」とし、能力別による学級編成とした。この学級の実践記録は、脇田良吉氏の「異常児教育三〇年」に詳しく載っている。やがて群馬の館林小学校、大阪府立付属小学校をはじめ全国に波及していく。しかし、増設をしたが一方では、学級を閉じるところも多く見られた。一方、文部省も明治三十五年より、異常児教育の講習会を開く等をして、教育内容の充実を図る。中学校の障害児学級は、どのような状況であったか。それは、六三制によって中学が義務教育になったために、学級が設けられた。昭和二十二年に東京大崎中学に学級ができ、それが現在の青鳥養護学校である。昭和三十年の後半には、長野養護学校と筑波大学付属大塚養護学校が開校された。日本で、最初の試みであった。長野養護の場合は、全寮制で小学部から寄宿生活が行われていた。箱ものはできたが、この教育に携わる教員の資質をどのように高めたらよいか、文部省特殊教育課及び県教育委員会の課題でもあった。

昭和三十五年頃を振りかえると、特殊教育研修、認定講習、夏期講習、内地留学(大学・研究所)、国・県に設置された特殊教育センターでの研究発表が、専門性を身につけるために企画された。特殊教育免許を取得した者には、特殊教育手当てを付けるなどして、この教育に情熱を傾ける力のある先生方を集めた。手当てを付けることに対する批判はなかったわけではないが、特殊教育のより充実を図るための措置であって、その施策は現在に繋がっている。

このように、知的障害教育担当の教員養成の制度が次第に整備され、併せて現職教育に取りかかったのである。

三つめの立場は、労働対策の領域だと位置付けている。当時の資料によると、戦後、非行少年の問題は、社会問題になっていた。犯罪を犯す者の中に、知的障害ではないかと見られる少年がおり、少年鑑別所に送られてきた。判別の結果、障害のある少年が多いことから鑑別所の建物の中に、医療少年院を設けて教育が始まる。

なお、中学卒業後の知的障害生については、厚生省の社会局厚生課で取り組む。職業訓練、職業補導等に力を入れ、やがて授産施設に発展していくのである。それに、精神薄弱福祉法に途が開かれた。

私がこの道に飛び込んだのは、昭和三十二年だ。以来、知的障害児童施設、学校教育、知的障害者支援施設、特殊教育センター、教育行政等に関わってきて考えられることは、三本の柱が別々にあるのではなく、彼等の一生涯の問題として総合的に進めていかなければならないと思う。

4　知的障害教育語録

(1)　教科書騒動

普通教育では、指導要領によって授業が不安もなく当たり前に進められる。教科書も教材も手引書によって、一律に教えることができる。たとえ教師が特別工夫することがなくとも、どんなことを教え学ばせればよいかはっきりしている。どの子にも、共通した内容であることが教科書の役割である。

ところが知的障害教育の場合は、同じクラスであっても発達にばらつきがあったり、学習経験の差などから教科書・教科用図書を用いての授業は難しい。昭和三十五年頃を境に制度も整ってくると、指導内容等についても自由性がなくなってきたのか、担任者の不安や悩みがでてきたことは確かである。この教育は、教科書を教えていればすむものではない。そのことを知り尽くしていたのは、担任者であり子どもであった。

養護学校用の教科書は、国語、算数、音楽の三教科であったが、いずれも効果的な利用の難しさがあり、書棚に積まれていることが多かったようだ。特殊学級担任者は、養護学校用の教科書や自作の教材を工夫することに命をかけた。どちらかといえば、教科書無用論を唱えていたのが常道であるがごとく。私も、そのうちの一人であった。

(2) 職人気質

昭和三十年代中頃は、長野県も知的障害の特殊学級が設置されている学校は数校だけだと記憶している。これから話そうとすることも、その頃の特殊学級担任の話である。

校長からの話だ。

そろそろ学級担任をやめて、普通学級にもどれや。

今のクラスをもたせてください――。

早く普通学級にもどって、校長になる準備をしなければこまる。

この子たちと生活するのが、自分にあっているのでお願いします。

今、私がやるべきことは昇任人事の勉強ではなく、子どもの研究だと思うので、ぜひやらせてほしい。

それは無理だ。

県にも報告する期日も迫っているので頼む。

結局、この話は平行線で終わったが、最終的には校長を説得することができた。この教員男性は、四十歳。心身共に健在で校内は無論、地域住民からの信頼も厚い人物である。

話された内容については、研究発表の折に発表されたもので衝撃を受けた。

当時の担任者には、責任感のある反骨精神の強い者が多かったように思う。ここで、先生が研究会で発表された事例を紹介する。

1　〇〇小学校　〇〇学級

2　単元名「命の誕生」

3　趣旨　山羊さんの飼育を通して、命の大切さを学び皆で力を合わせて育てる。

4　展開　略

5　児童数　男子四名・女子三名　計七名

6　実践

このクラスの子どもたちは、今までに小動物の飼育をしてきているので、世話をすることに慣れている。子山羊の話がでたのは、学校の近くのおじさんからだ。正直なところ担任は乗り気ではなかった。今の子どもに、どれだけできるのか。餌はどうやって集めるのか。長期休みは、どうする。家庭の協力は得られるのか。山羊小屋は、父親に頼むことはできても不安は山積していた。しかし、過去の経験を生かせば子どもたちの希望を叶えることができると思い、小屋づくりから始めた。

近所の方々の応援と子どもたちの力で、グラウンドの隅に完成した。期間も二か月にわたり、どうやら小屋らしくなった。校長先生からは、全校児童に紹介があるなど、山羊のことでクラスも活気づいた。

子山羊との生活が始まると、学校生活が全く変わってしまった。教科書で教えていたことから山羊が教科書になった。国語・算数・理科・社会・音楽等の教科も体験を通して学んだ。黒板を背にして行う授業には、もうあきあきだ。生きて働く教科指導とは、このように子どもたちの生活から生まれてきた。課題を教材化したり、教具を工夫することを教えられた。担任者の話は、さらに広がる。

この発表のところで、感動し特に心に残っているのは「子山羊の誕生」である。出産がまじかになった時のことである。担任は、「命」の大切さ、「生きる」ということを分からせるチャンスとして取り組む。

子どもたちを山羊小屋に集め、出産の様子を観察することを。

ある子が呟いた。

「先生ーー。おらあが、寝ている時に生まれたらどうするだ」

「困るなーー」

「学校に泊まるか」

その時の担任の発想が素晴らしい。

皆で校長先生に、聞いてこいやい。

すぐには、許可がでなかった（次の朝、許可がおりた）。

子どもたちの願いが叶い、結局、山羊小屋に二泊することになった。無事、出産するところを観察できたとのこと。担任の思いが、一人ひとりにどのように映ったのか。あの時の経験が、どう生かされているのか分からないが、担任としても命がけの生活づくりであった。

この研究発表を聞きながら感じたことは、昭和三十年代前半の頃の担任の意気込みを一言でいえば、「職人気質」のような風体をした担任ぞろいであったように思う。「俺がやらねば誰がやる」。一本気なところが懐かしい。よい財産を後世に残された。

5 判別基準

劣等児かどうかの識別はどうしたのか、どちらの方向に進めるべきか。判定したデータの信頼度はどうか等、特殊学級が増設してくるに従い、話題に上ることも多くなる。日本の場合は、フランスのビネーが開発した知能検査法が入ってくるまでは、それぞれのところで判定が行われたようだ。最初に発表されたのは、一九〇五年である。ビネー

（一八五七〜一九一一）の開発した「ビネー式知能検査」は、世界各国に広がっていく。

今まで統一されていなかった知能検査もビネーによって、識別が明確になり客観化したと言える。

判別基準は、昭和二十八年文部省の判別委員会から通達がある。それによると「教育上特別の取扱いを要する児童・生徒の判別基準」同時に「特殊児童の判別基準とその解説」が刊行された。知的障害者（精神薄弱者）で言えば、「種々の原因により精神発育が恒久的遅滞し、このため知的能力が劣り、自己の身辺の事がらの処理および社会生活への適応が著しく困難なもの」と定義された。程度により、白痴、痴愚、魯鈍の三段階に分け説明をしている。その後、知的障害者については実態調査（昭和二十八年）が実施され、特殊教育の対象となる児童・生徒が割り出された。その結果、出現率四・五三％（知能指数七五以下）、うち特殊教育の対象にすべきもの四・二五％（知能指数二五〜七五）という数値が算出された。この出現率がもとになって、知的障害教育の施策が打ち出されてきた。

特殊学級の設置計画及び増設は、すべて実態調査から算出されたものである。

6　促進学級

明治から大正にかけて、知的障害児の特殊学級の中に「促進学級」と称した取り組みが進められたことが記録されている。促進学級とは、知能指数が七五〜九〇くらいの子を対象とし、一クラス二〇人とした。教育内容は、日常生活指導、教科指導が中心で個人差に応じた学習遅滞児の個別指導であった。

当時の研究雑誌には、「促進学級の実際的研究」とか、「促進学級の新研究」等にまとめられている。しかし、この学級は、東京都に集中していて他県に波及していなかったようだ。理由は、低能児や劣等児、貧困児、境界線児等、多様化してきたとも考えられる。やがて学級の解消に伴い、知的障害児の養護学校ができてくる。東京教育大学付属大塚養護学校、青鳥養護へと発展してきたのである。

この流れをくんでいたのかどうかはっきりしないが、私が特殊学級を開設した昭和三十七年頃、県下（長野県）にも促進学級に近い運営をしているところもあった。特殊学級の看板を掛けながら、「水増し教育」だと批判されていたことを記憶している。

7　専攻科設置の必要論

盲・聾教育は専攻科が設置されている。専攻科は高等部卒業後の進学コースで、高度の専門的知識、技能及び態度を養うことが目的である。知的障害児教育は、今日、専攻科は国公立では設けられていないが、この制度の是非については論が分かれるところである。具体的な内容等は後述するが、結論的には専攻科の必要性を生涯学習の立場から考えたいことと、もう一つは、ゆるやかな発達に応じる個性教育の尊厳を大切にしたい立場からである。

かつて、この教育の草創の頃（昭和二十年代）は、義務教育終了と同時に社会に出て働くことが、人間形成に最も直結するという考えが主流で、学校教育は、短期間で終了することが望ましいとされる思潮であった。「適応」できる人間の育成、即「働く」ということに視点が置かれていた。この方向や実践は必ずしも誤りではないが、今日、社会が求めている豊かな人間性の育成、自己実現を図る教育の指向から見直すとき、新たな課題が残るわけである。

当時は、適応論、効率論、有効性等の考えが中心であった。障害が切り捨てられていく風潮の中で、障害は個人の責任であるという考え方から、障害は乗り越えさせるものと、今日まで、障害者自身に責任を負わせ過ぎたことに対して、社会全体が反省しなければならない。

知的障害教育の整備は、このような社会的な背景を持ちながら、理解啓発が諸団体の推進により図られた。しかし、今日では、適応論や有効性を全面にだした生産性を追求するような教育から、個々の生き方をありのままに認める、この子らしさの障害児観が求められようとしている。

その子の発達の過程で独自性を尊重する教育理念や、これらの人々の生きる存在価値を問い直す教育が検討されなければならない。専攻科設置の必要性は、このような障害児観の再考と合わせて二十一世紀に共に生き、共に暮らす共生の思想と一致している。

自閉症者の青年期における事例の報告によると、自己の確立と社会性は、他者とのかかわりの積み重ねによって、どのように交わればよいか、この時期に生活する態度が形成されると言われる。自閉症者の青年期のこころの成長は、人生の中で大きく自己変革するとも言われる。高等部卒業後に発達する一つの節があると考える。

「障害」は、生得であっても人間失格ではない。障害を「個性」としてとらえたら不都合が起きるだろうか。障害児観の発想の転換が必要である。専攻科の教育課程も、高等部、高等養護学校の延長線上におくのではなく、例えば、文化、芸術、仕事、体育、奉仕活動、国際交流等の分野が中心になるような生活づくりではどうであろうか。

この子どもたちの人間性の回復を追求する教育こそが、障害をありのままに認め合い、あるがままの姿を引き出す個性化教育の実現であると私は考えている。

8　人間　杉田　裕先生

特殊教育に生涯をかけて身を投じるなら、この先生のもとで学びたいと考えていた。その先生とは、東京教育大学特殊学科・杉田裕教授である。私が昭和四十五年に、内地留学をした時の指導教官である。杉田教授を慕った理由は後で紹介するが、不幸にして昭和四十七年三月二十八日に亡くなられた。

昭和二十三年に東京大学心理学科を卒業。東京都立大崎中学校、特殊学級の教諭として勤務。退職後は、東京教育大学の講師から数多くの大学や文部省の仕事に入っていく。学生の頃からすでに、浅草本願寺の床下に浮浪児と共に寝たり、戦災孤児の収容施設を歩き回ったことが引き金になったのであろうか、後に知的障害児の問題に一生を捧げることになる。

先生は、現場主義者であり、研究室からでてくる理論など徹底的に批判した。資料の集め方も、体験を第一義とし、自分の言葉で、しかも子どもの姿が見えてこない発言には厳しかった。

「A子さんの育つ条件は何か。Y男の自立にとって今、必要としているものは何か。T子の立場に立って、本児や母親が望んでいることを一〇項目にまとめて、発表してくださる等」――。

先生は曰く、研究会は、「子どもから出発し子どもにかえるべし」。現場主義を徹底した話し合いであったように思う。研究者とは、研究室で理論を構築するのではなく、先生のごとく現場の教師たちと共に悩み、人をこよなく愛することのできる資質を備えた人でなければならないことを教えられた。

このことも不思議なことであるが、研究雑誌や講演記録等にまとめられたものは残っていても数少ない。無論、著書として発表したものはない。そこで、「杉田裕先生記念事業会」が企画。『総説　精神薄弱教育』として、先生の書き残されたものを収録し刊行している。

9　知的障害者の生涯

日々の新聞の死亡欄に目が止まる。広告されているだけでもその数に驚くのに、新聞等に掲載されない人をあげればどれほどになるであろうか。想像すらできないものだ。ましてやそれぞれが取り組んできた、功績や名をあげ天寿を全うしたことまでは書かれていないので、その方々がどんな人生を送られたか分からない。そんな思いで死亡欄を眺めていると、無名のまま生涯を終えた人もいるだろうと考えこんでしまう。

私が永きに関わった薄幸な知的障害者は、「知恵遅れ」として秘かに亡くなっていったのであろうか。いや、そうではなく人間は、神のもとに平等であり、自分らしくありのままに生き抜いてきた人もいたであろう。しかし、そのような境遇の者は、数少なかったと言っても過言ではあるまい。親子ともども苦しみを味わってきたことが本音ではなかろうか。表には見えてこない、現れない内面に蓄積された悲しみを背負ったまま、幕を下ろした彼等に対面した日のことを忘れることはできない。

ここで、相談に来所したA君の親子のことを語らせてほしい。それはこうだ。知能に遅れのある子を抱えた親が、死亡させた話を新聞やテレビで知るたびに私は、本当にそのような方々に同情せざるを得ない。我が子に寄せる絶望が余りにも大きいから。「そんな気持ちになる母親は悪い親かね」。しばし無言、重い雰囲気が続く。

死を待つ親心。死の訪れを迎える親心をどう受け止めればよいか複雑であった。この母親もそうであったが「私がいなくなったら、いったいだれが見てくれるのか」と難問が発せられるのである。その後、親子心中をはかったことが伝わってきた。

私には、この親子の死を食い止めるだけの力もなかった。せめて、日頃の苦しみを共有することのできる支援ができていれば、死だけは止めることができたであろうに。

10　知的障害者が創りだす地域生活

私は「共生社会」という言葉を発しながらも、その社会（地域）とはどのようなものであるのか。具体的にどのような姿になった時、共生社会の成熟と言うのであろうか。ここでは、知的障害者がそれぞれの地域で共に生きることに挑戦している活動を紹介する。

事例1「農家への手伝い」

養護学校の周辺は、主に野菜や果樹を栽培している農村地帯である。その中心に学校が建てられた。地域の人々もどんな様子の子どもたちであるのか、分からない状況の中で生活が始まる。当時は、啓発活動もされていないこともあったであろう。養護学校建設に反対者もでた。通学に付き添う保護者や教師たちは、どんな思いで通ってきたであろうか。おそらく冷たい視線を感じることもあったではなかろうか。保護者の中には、我が子を覆うようにして早足で通り過ぎたとのことだ。

しかし、このような事象は、村民の一部であって大半は無関心。むしろ差別意識は、表に現れることもなく内面でくすぶっているのである。それが、人間の姿の一面かもしれない。

長いこと、地域の人とのトラブルもなく過ぎたある朝。登校途中の出来事である。自閉症のT男が、通学路で子犬を自動車事故から救った。そのことがきっかけで交流が始まる。彼は、ただ犬が好きであっただけだ。近づいてきた車を見た瞬間、咄嗟に飛びだし命を救ったことが、新聞の記事になり村民の話題となる。その後、学校に顔を見せてくれるおじいさんも多くなる等、予想外の展開になった。

犬がもたらした縁で始まった地域との交流は、畑仕事への協力、村の行事への参加、学校行事への招待、村祭りへの手伝い、収穫祭への出品であった。地域や保護者まで巻き込んだ地域交流の姿でもある。

私はこれまで「交流」という言葉を使ってきたが、このような関わり方を、共生社会の原形ではないかと考えている。なぜならば共生社会の根っこは、障害者の人権を尊重する意識の形成であるから。少なくとも特別視されることなく、相互に益を得ることができる地域（社会）や学校に変わってきた。学校は、地域の人々によって育つ。地域は、子どもたちの奉仕活動によって活気づく。何よりの効果は、「共に在る」ことから補完関係が明確化したことである。

11　私と生活教育

この道より生きる道なし
　　我はこの道を歩く

そんな思いが回想される。同僚は教員や大学院に進んだが、私は知的障害施設に飛び込んだ。当時、神戸の教育委員会から、履歴書を送るようにときたこともあったが、お断りした。以来、今日まで一筋に振り向くことなく、情熱を傾けてきた。若い頃は、がむしゃらに遅れのある子どもたちをひっぱり回し、小山の大将のごとく悦になっていたものである。それだけに、子どもも親も私の犠牲になることもあったであろう。不平や不満もたまったろうに、よくついてきてくれた。

一つだけ確かなことは、当時の知育教育偏重の在り方に戸惑いを感じていたからである。それと「読み書きソロバン」が教室の中で、中心の活動でもあった。黒板を背にした教育に反発していた私でもあった。研究会での話題と言えば「水増し教育」に対する批判である。水増しとは、教科の内容を分かりやすくし、繰り返して教えれば理解できると言う指導法である。彼等の最も苦手な抽象思考の訓練だと、悪評でもあった。

それに対抗したのが、生活教育である。この理念は、生活を通して生活をするための生活教育を柱にした学級経営である。生活即体験が、生きて働く生活力に繋がることを実践研究で深める担任者も多くなる等、全国にこの教育が波及していった。

私が中学の特殊学級の担任になったのは、昭和三十六年に学級開設したことから始まる。村民の反対も多く、学校に乗り込む気運も高まっていた。どんなことを教えるのか、誰が入るのか、担任者は教員がやるのか、教科書はあるのか、教室はどうなるのか等、小さな村であっただけに村内の話題になった。

私がこの教育で最初に取り組んだ活動は、働く力を身につけ社会の中で生きていくことのできる人間になることを願うために、作業学習を学級の中核にしたことである。信越線の牟礼駅前に販売店を作り、自分たちの制作した手芸品を売り出した。ほかに野菜作り、クリーニング等にも販路を広げた。

子どもたちの学校生活は、学校工場で働く人に変わった。鞄を手に通学するのではなく、弁当や手芸の材料を持って通勤する店員さんになりきる。週三日は、販売店で働き、学校での教科学習は、校外で働いてきた教材が教科書である。言語や数量の指導は、販売活動からでてきた内容を教材化して取り組んでいるので、興味もあり学習も生き生きしている。この学習形態を私は「生活教科」と呼んでいた。

看板の店名は「趣味の店」とした。手作りの品物を中心に販売していたので、地域の評判もよかったがお客がいない時もある。そのような状況は再三あったが、注文を取ったり訪問販売して凌いできた。ここで、店の中を紹介すると……。

店に入ったところに製品が並べられている。奥まった場所は、作業場と台所になっている。ここで昼食づくりが、当番によって作られている。材料等の買いだしも、大切な仕事である。時には、親の応援も頂いた。なお、お客さんがお茶を飲む、スペースも考えられている。家賃は、月二〇〇〇円（昭和三十七年）であった。家賃は、売上から払うのも厳しかったが、店を開く時の約束でもあった。苦しかったが、家賃を待ってもらうことで乗り切る等、現実度の高い生活づくりであったように思う。

私が実践してきた生活教育は、地域を巻き込んだ生活づくりではなかったか。趣味の店の活動は、地域の人々によって育てられた。現在、話題になっている共生社会の原形をすでに、昭和三十年代の後半に取り組んでいたことになるであろう。

おわりに　人生は出会い　それも予期せぬ世界へ

今回も同様、厳しい評を気にしながらまとめることにした。本の題名は、昭和五十四年頃から話題になってきた課題が、最後に残ったことも意味がある。私が辿ってきた仕事を振り返る動機になったことや、知的障害児教育を中心に様々の人間模様が、展開されていく場に立たされたからである。有り難いことに、この時間が自分を知る大切な機会となるとは。書名「共生社会への道」は、すべての人間が、共に生きることを願って考察してきた思いもする。

さらに、私を奮い立たせたもう一つのこととは、「生きるとは出会い」であると言うことである。しかも予期せぬ運命の積み重ねによって、生かされてきたと結論づけてもよかろう。

この道に飛び込んだ自分のことを考えてもそうだが、これと言った信念や確固たる計画があったわけでもない。学生寮の近くから子どもの声がするので、壊れかかった板壁から覗きこんだことが知恵遅れ児との最初の出会いである。それから五八年間にわたり、関わってきたことになる。あの時、散策していなかったら、子どもの声が耳に入らなかったら、覗くこともなかったなら、私の生きてきた道程をこのような形で残すこともなかったであろう。しかも、私の人生を切り開いてくれたのは彼等である。忘れてはなるまい。

知的障害児が、私に授けてくれた至福とも言える言葉がある。その言葉は「障害者福祉の世界で暮らしていくことが」彼等の願いであり言葉ではないかと思った。項目で表せば……。

この世に共に生きたいのが私たち。

障害を特性・個性として理解してくだされば障害観も多様化する。

共生社会の構築は彼等の役目であり、この世に存在する使命でもある。

共生社会に橋を架けるのは知的障害者である。

生きるとは、出会いだと言うことを大切にしていきたい。

これらの五項目は、長期間にわたり彼等から学んだものである。どれ一つとっても、私にとっては難題で道は遠い。しかし、やがては他者によって、少しずつ深まっていくであろう。


今日（五月一日）から元号も平成から令和に変わった。本書も令和元年に合わせるように、一年ほどかけて完成した。意図したわけでもないのに、偶然な出来事かと苦笑した次第である。偶然の一致とは言え、後から考えれば元号に合わせようと計画を変更したり、工夫をこらしたわけでもない。ただ、私が結びつけたまでのことである。その意味では、この本も記念になるであろう。

最後にこの教育の歴史の一面を「呼称」から、どのように変わってきたかを探ると。私が関わりだした昭和二十年頃は、「精神薄弱児」と呼び雑誌等も「精神薄弱教育」という月刊誌もだされる。その後、「薄弱」ということが問題になり、精神遅滞児教育及び発達の遅れと呼ぶようになる。今日、さらに課題になっていることは、障害の「害」を漢字ではなくひらがなで表記することが望ましいとの声もある。

特殊教育から特別支援教育へと、ここにきて定着した。おそらくこの呼称は、福祉教育と合わせて深められていくであろう。

ほおずき書籍の木戸社長さんからは、〝原稿を書き終えたら電話がくるのを待っているから納得するまで取り組んで欲しい〟、という返事であった。それ以来、時間ばかり過ぎてやきもきしたが、どうやら形になった。今回も木戸ひろしさんをはじめ、関係各位にご苦労を頂いた。ここに厚くお礼を申し上げたい。

多謝

二〇一九年（令和元年）　出会いは静かに浸透する

三澤　準

[著者紹介]
三澤　準（みさわ・じゅん）
1937年長野県生まれ
1961年・1962年名古屋大学教育学部研究生、上田薫教授のもとで「教育方法」について研修。知的障害児の教育と福祉について、57年間にわたり一貫して関わる。
知的障害児施設（八事少年寮）、中学校（特別支援学級）、特別支援学校勤務、東京教育大内地留学、国立特別支援教育総合研究所研修派遣（教育工学分野）、長野県教育センター専門主事、特別支援教育課指導主事、小学校・養護学校校長、特別支援学校校長会長、全国特別支援学校校長会評議委員、文教学院講師・療育支援センター所長、学習指導要領編集協力者及び解説編集協力者（文部科学省）
障害福祉教育賞（NHK 厚生文化事業団）、下中教育賞（学習研究社）受賞
現在、NPO 法人就労支援センター所長
著書：『伸びる子どもたち』（知的障害者育成会）
『知的障害教育の思想と展望』（信州教育出版社）
『人生に息吹をふきこむ』（ほおずき書籍）
『人間は足を踏み外した動物か』（ほおずき書籍）
『人間はもう一人の自分を背負って生きている』（ほおずき書籍）
『言葉は人間をつくる』（ほおずき書籍）
『続・言葉は人間をつくる』（ほおずき書籍）
『一路』（ほおずき書籍）

共生社会への道
—知的障害も個性・特性だと理解すれば—

2019年10月13日　第1刷発行

著　者　三澤　準
発行者　木戸ひろし
発行所　ほおずき書籍株式会社
〒381-0012　長野県長野市柳原2133-5
☎ 026-244-0235
www.hoozuki.co.jp

発売所　株式会社星雲社
〒112-0005　東京都文京区水道1-3-30
☎ 03-3868-3275

ISBN978-4-434-26633-1

ほおずき書籍の本

三澤　準／著

人間はもう一人の自分を背負って生きている

知的障害児と共に歩いてきた男

・人を能力でみない　人をみる
・個の福祉か　種の福祉か
・共生社会は人間のやさしさが根源

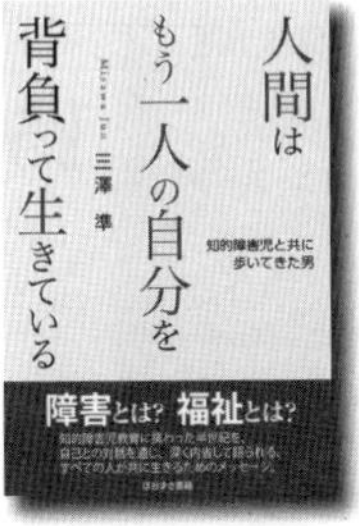

言葉は人間をつくる

103のことばがいま蘇る

・ことばは生きる力
・ことばは人柄
・ことばは運命を切り開く

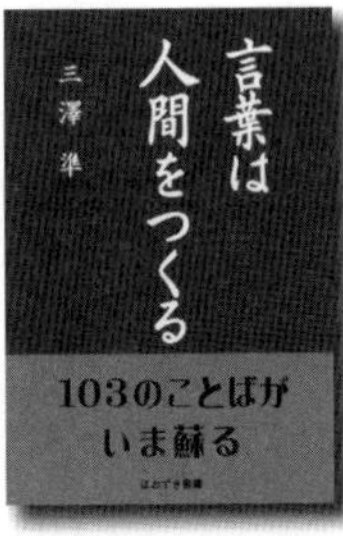

ほおずき書籍の本

三澤　準／著

続・言葉は人間をつくる

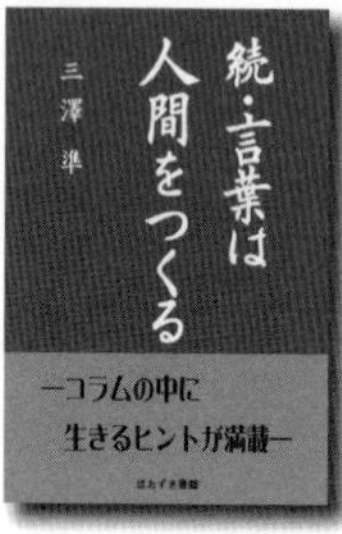

コラムの中に生きるヒントが満載

・ことばを磨くことは人生を豊かに
・ことばの豊かさはこころの美しさ
・ことばは心の使い

一路

私はどこに向かって歩こうとしているのか

・知的障害児教育の過去・現在・未来
・運命は変えられる
・パール・バック女史も一人の母親
・道はなくとも一人でもやらなくては